今日のご遺体

—女納棺師という仕事—

永井結子

祥伝社黄金文庫

まえがき

私が初めて納棺の儀式をしたのは、十代前半の頃です。

大好きだった祖母が亡くなりました。

いえ、大好きだったハズの祖母です。

末っ子で誰からもミソッかす扱いだった私を唯一平等に愛してくれていたのが祖母でした。

「この子の爪はまるで桜貝のようにかわいらしいよ」

と、生まれたことを誰よりも喜んでくれた祖母。

そんな祖母の事が大好きだったのに、離れて暮らし、成長するにつれていつの間にか素直に甘えることができなくなっていました。年老いていく祖母に対し時にひどく傷つく言葉を投げかけることも……。

そんな祖母が病気になりました。

手術はしたけれど、もう年齢・体力的にも長くはないだろうと。

自宅療養になり親族の誰かひとりが交替で世話をすることになりました。

誰もが自責の念を抱えながら生活や仕事に追われ、誰も側《そば》に行くことができませんでした。

そして祖母は真夜中に誰にも見取られることなく、ひとりきりで死んでしまいました。

ショックと悲しみと後悔で、泣きながら祖母の手を拭《ふ》き清める湯灌《ゆかん》をしました。

「なぜあんなひどいことを言ったのだろう」

「なぜもっと優しくしなかったのだろう」

孤独の中で死んでいった祖母に対して、申し訳なさで打ちひしがれていました。

そんな中、母が祖母に「母さん！母さん！」と泣きながら、自分の化粧品を持ち出してお化粧しています。

なぜそんなことをするのか、わかりませんでした。

でも、お化粧が出来上がって、私は言葉を失いました。

おばーちゃん、かわいい。

素直にそう思いました。

今まで見た祖母の中で、一番キレイでかわいらしかったのです。頬《ほお》はチークで恥じらいを秘めたようなほんのりピンク色で、小さな唇はツヤツヤと赤くほほえんでいるかのように。まるでよそ行きのようなお化粧をした顔は、少し誇らしげにさえ見えました。

そんなにキレイにお化粧することなど、一度もなかった祖母。

そんなことをする暇がない人生を送った祖母。

孝行することができなかった祖母に対して、そのお化粧をした姿を見たことで、私たちは皆、少し許されたような気がしたのです。

大人になり、縁があってこの仕事を始めたときに「あの時の体験が納棺の儀式だったのだ」ということを知りました。

祖母の葬儀で、今も唯一強烈に覚えているのが、祖母がかわいらしくお化粧した顔です。私の一生忘れることのない記憶になりました。

悲しみは深いものだと思います。

別れは必ず来ます。

私は去る者より、見送る者のほうがいつでも悲しみは深いものだと思います。

悲しみだけを残していいのでしょうか？

救いがなくていいのでしょうか？

亡くなった人のためにできる限りの思いを形にすると同時に、見送る者が後悔しない見送りであるべきだと思うのです。葬送とは去る者と見送る者双方のためのものなのです。

だから皆がそれで納得できるのなら、時には泣き笑いの葬儀もよいものだと思っています。

そのために少しでもお役に立てる仕事、それが私が目指す納棺師という仕事です。

私はさまざまなご遺体・ご葬家《そうけ》に出会い、この仕事を通じて、

人が幸せに生き、幸せにその一生を終えるにはどう生きたらいいのか？

人が本当に大切にするべきことはなにか？

という人生の勉強をさせていただいていると感じています。

悲しみだけの死、笑いのある死、無関心な死、送り出す死。そこに至るまでの人生の経緯が、納棺の時に大変深く感じ取れるのです。

本書の元となった原稿は、そのような考えの私が、これまでに業務で体験してきたことや感じたこと、社会や仕事で役立ちそうな知恵、さらには専門家としての技術的なノウハウをすべて素直に綴《つづ》ったブログです。

暗いだけにしたくない！という思いから不謹慎な表現や、サバサバした表現も数多くあると思いますが、冷静に職務を遂行《すいこう》するためにも、率直に感じたことを客観視できる活字に残そうとしてきたものです。

本書を手にしていただいた「あなた」に、少しでも何かを感じ取っていただければ幸いです。

なお本書の出版は、日本アイデア作家協会代表、岩波貴士氏のお誘いと編集協力なしには存在しないものでした。この場を借りて厚くお礼申し上げます。

二〇〇九年五月吉日

永《なが》井《い》結《ゆう》子《こ》

目次

一章　納棺師という仕事

●末期《まつご》の水は「トムヤムクン」

今日は〝末期の水〟についてお話したい。

末期の水とは、釈迦《しゃか》が死の床で最後の水を求めた言い伝えにならって行われる、仏式の儀式である。

仏式の宗派の際、故人様の口元に巨大綿棒型の筆でそっとふれてうるおしていただく。

私たち納棺業者は「末期→まつご→まっき→さいご→最後の水」ということで、あまりガチガチに考えずに、

「せっかくですから故人様の生前の好きだった飲み物を飲ませてあげませんか？」

とご葬家の方にお話させていただいている。

ご葬家の方、特に故人様に思い入れの強い時など、さっきまでドヨーンとしていても、

「あらっ！　なんでもいいんですかー!?」

と速攻で用意しだしてくれる。

闘病期間の長い方はお亡くなりになる前、水分を取るのを控えている場合があり、ご葬

家も喉《のど》の乾きにたえる生前の故人様をせつない思いで見ていたためだろう。まー、それにしても故人様のお好きな飲み物！　用意していただくものはさまざま。

緑茶・コーヒー・紅茶・ビール・日本酒……一般的。

変わったところではヤクルト・ソーダ・なっちゃん・ポカリスエット・トムヤムクン（エビは入っていなかった）というのもあった。なお、フカヒレスープはまだない。

緊張したのが、会社経営している社長さんが亡くなったご葬家で、バカラのグラスにおそらくレミーマルタンを持って来られた時。

「グラス割ったりヒックリ返したらどーしよー！」

と、持参した100円ショップで購入のお盆にお預かりした。

ご葬家の方は「好きなもの飲ませた！」という満足感で喜んでいただける。

時には説明が行き届かなかったのか、末期の水を与える筆が巨大綿棒型なのがいけないのか、筆を顔の〝イケないところ〟に突っ込む方もいる。

例えば故人様のホオとか目とか耳。もしくは鼻の穴にグサッと。さらにご自身でパクッとくわえちゃう方もいる。

厳粛な空気で儀式が進む中、ふいにやらかしてくれる方がいるので笑いの嵐を押さえるのに必死になる。もちろん鼻の穴に突っ込まれた筆も穏やかに訂正させていただきます。

態度は厳粛に、心中は……。

気持ちは顔に出せない。そんな出来事の多いお仕事である。

【今日の教訓】平常心を保つにも日ごろから「寛容な姿勢」を心掛けよう。

●ふくみ綿を笑う者はふくみ綿に泣く……遺体処置の第一歩

ご遺体処置の手始めは、〝ふくみ綿〟と呼んでいる綿を詰めるところから始まる。

基本は人間の持つ〝穴という穴〟すべてを詰める。

なぜ詰めるのか？

体内からいろんなものが出てこないように、また出てきたものを止めるため。ヘコミをふっくらさせるため。そして虫の侵入防止にもなる。

故人の側《そば》で蠅《はえ》が飛んでたら、それは「お母さん蠅」になりえる。残念なことに、きっと美味《おい》しそうな臭いがするのだろう。鼻の穴や口の中に卵（？）を産んでしまう。ウジにかえったらもう最悪。

ヤツら出たり入ったりするっ……声を出さずに絶叫をしながら、ウジをやっつける作業はツライ。

いろんな穴があるが、通常は鼻と口、耳、お尻に詰める。鼻の中は3つの道筋に分かれていて、寝ている状態でちょうど90度、45度、180度方向になる。鼻腔の太さは個人差があり、調子のいい穴の故人様は15センチほどのピンセットが10センチまで入り、詰める綿がシュルシュルと軽快に、LL卵1個分くらい入ることもある。面白いように入るのは他の仕事では体験できない、納棺師の仕事の小さな喜び？　である。

口は結構簡単である。やつれた頰を少しふっくらとさせ、口角がにこっと笑ったチャーミングな口元に整えるのが私は好き。

病院で亡くなった方はマレにだが、男性の故人様で尿道に綿を詰められていることもある。尿道自体から出血することは滅多にないのだが、「やわらかいこれにどうやって詰めたの？」と思うくらいそれはしっかりと入っている。さらに丁寧な処置の場合、綿を詰められたうえ、根元を糸でグイッとしばられている。男性社員の中には、

「なんて残酷な！　いたたまれないッ！」

と中座する者もいた。

特例だがお酒大好きな豪快なタイプの男性の中には、死後、睾丸がアンデスメロン大級まで膨張し水風船のようにパンパンになる方もいる。飲みすぎに注意。

〝ふくみ綿を甘く見るものはふくみ綿に泣く〟と言うのだろうか、以前のこと。「この故人様は華奢《きゃしゃ》な小さい方だし、口の綿も軽くでいいでしょ」なーんて〝お印程度〟にすませ

て、お着せ替えをしようと故人の体を傾けたら、かけられた。
私の太ももから下半身にかけて、真っ黒い血。
吐血というのか、通称〝腹水〟とも言うが……ものすごい臭いだった。大ショックの
あまり、自己の軽率さを思い知らされた。
故人様は見かけじゃない……。

【今日の教訓】ミスの多くは知識不足ではなく不注意が原因である。

●日本一の高級風呂？〝現代〟湯灌《ゆかん》のあれこれ

湯灌とはそもそもどういう由来かというと「亡くなられた方の体をキレイに拭《ふ》き清めること」である。

辞書に載っている湯灌は〝古式湯灌〟といわれ、タライにお水→お湯の順番で温めた〝逆さ湯〟で体を拭き清めするものだった。普通お風呂を沸かす時はお湯→お水で温度調整するものを〝逆〟にするので、逆さ湯という。

弔《とむら》い事はすべて〝天と地を逆に行うもの〟ということから来ているそうである。

現代の湯灌はいうなれば〝簡易お風呂〟のようなものである。

闘病などで長期入院され、お風呂にもゆっくり入ることができなかった。最後はキレイにしてあげたい。などのご遺族のご希望などから始まったのかもしれない。

湯灌は日本独特の業種だが、国内だけでもゴマンと業者さんがいる。男女2名ペアや男性1名女性2名・男性2名女性1名・女性のみ3名・男性のみ2名のおやじチームもある。

多くの業者が、お湯の給排水のできる改造車両で参上する。畳一畳ほどの浅めの〝浴槽〟にはシャワーヘッドが付いており、お湯が出るようになっている。

車両から給排水のホースをつなげ、浴槽に金属の枠で囲った〝ネット〟をのせ、その上に故人様にバスタオルをかけて寝てもらい〝シャンプー&ご洗体〟をさせていただく。洗い方も考え方も各業者さんで異なることがあるようで、各業者同士で賛否両論であり、また残念なことに交流もほぼないため「我流No.1」の状態。どの業界でも一緒なのだろうか？

湯灌の前にお体の処置をするのかしないのか？

含み綿などのお体の処置は湯灌後にするという業者さんは、「出物腫《は》れ物……」ではないが、まれに湯灌中に故人様の体液が鼻や口から〝垂れ流しっぱなし〟ということもあるようだ。でも「はい、普通のことです」という対応をするらしい……。

陰部の処置はどうするのか？

故人様のバスタオルがお湯で濡れて、陰部と陰毛がスケスケの「セクシー湯灌」になっても、それが普通の業者さんもある。逆にガッチリ処置テープを前から後ろから陰部に張り処置する「ガッチリ処置湯灌」もあるし、処置はしないがプチタオルを陰部におく「モッコリ湯灌」もある。

いずれにしても免疫系皮膚組織からの感染病の可能性が高いため、あまりガシガシ洗って差し上げられないのが〝現実〟ではある。

皆様はどれがお好みだろうか？

体の背面はどう洗うのか？

体の背面は、メッシュ状になっているネットの裏から洗体するところや、係が肩を抱き起こして座っている姿勢にして洗うところ、そのまま横倒しにして洗うところもある。

硬直している故人様は〝ピキーン〟と顔も脚も伸びたまま固まっているので、ある意味やりやすいのだが。

一番困るのが、体重100キロ以上にもなるような巨漢のご遺体の場合。移動するのも最低4名は必要で、洗体の浴槽やネットからは肉があふれる。もちろん背面はどの方法でも洗うのは不可能。

浴槽から降りていただくのも、通常なら2～3名でご遺体をお連れできるのだが、巨漢の方は浴槽のネットに乗せたら最後、ネットごと降ろして〝転がり降りて〟いただかないと無理である。

湯灌は日本のしきたりなので、〝アメリカンサイズ〟への対応は難しいのである。

湯灌の良いところはやはり、故人様がキレイになることが最大のメリット、というのが当事者である私の正直な意見。やはり頭ベタベタ、ひげボーボーで垢《あか》だらけだと、故人様が気の毒である。

前述したとおり、現実問題として（身内であろうと）感染の危険性は、ある程度の専門知識と技術がないと免れることはできない。

衛生面では湯灌は絶対危険であると、他系統のご遺体処置に関わる業者からの指摘は以前からある。現在、日本でご遺体処置専門の技術者は、欧米式エンバーミング、中国式エンバーミング、湯灌、納棺師がいる。どの業者も使わない場合は、病院の看護師さんの処置で終わるか、葬儀社社員が対応している。湯灌業者のこちらから見れば、「そっちも口では言えないほどのエグ過ぎることをやってんじゃん！」とも言えるが（棺に故人様が入らない時は故人様の体のどこかしらの骨を折るという恐怖のうわさ話もあるし、欧米のエンバーマの実技VTRでは、チアノーゼで指先がうっ血している場合、爪の間に金属の棒を入れ、メリメリと爪を根元だけつながっている状態ではぎ、白く浮いた爪にネイルを塗って、変色を修復していた）、同業湯灌業者同士でさえ交流もなく、互いの方法を「えー、なんか変なのー」という現実。業界は同じでも立場が違えば見方もやり方も変わるのであろう。

【今日の教訓】似た者同士は切磋琢磨《せっさたくま》し、仲良くしよう。

〝ヒトの顔色をうかがう〟ということ

お仕事をしている多くの方は、少なからず〝ヒト〟と関わることになると思う。ましてや相手がお客様なら目つき、態度、声色などその方の空気感を感じとり、その方とどのように関わることが自分に有利にはこび、なおかつ満足いただけるか？　大変神経と頭を使う瞬間である。

葬儀の場ではご葬家に神妙な顔をされ、シーンとしていても、必ずしも気持ちが落ち込んでいるばかりではない場合もある。場の雰囲気に合わせてこちらも落ち着いたトーンで対応すると「ナニ言っててんのか、聞こえねーよ！」とお叱りの声をいただいたりもする。気を使ったつもりがアダになる……ままあることである。

亡くなったヒトの顔色は、よく〝血の気が失《う》せたような顔〟というが、言葉の通り血色が失せる。いわゆる〝死後変化〟のひとつで〝死斑〟といい「血液の流れが止まる→凝固して体の下位に沈む」ことで、故人様の顔表面から赤みがなくなって蒼白《そうはく》の顔色になる。病状により異なるが、死斑の色は赤紫色である。死後30分〜2時間くらいから死斑は始まるが、8時間くらいまではまだ死斑は固まりきっていないので、例えばあお向けに寝ている方をうつぶせにしたら、顔面が赤紫色になる。うつぶせでお亡くなりになると顔面に赤紫色が出てくるので、普通の肌色にするには厚化粧になる。

生きてる方でもっとも美しい肌のヒトは、赤ちゃんである。キメが整い・みずみずしく・シミそばかすのメラニンの生成もほぼなく・血色もいい!! この4つの条件のひとつでも欠けるとやはり、生きてる方でも〝肌あれ・肌なやみ〟が出てくる。バランスが崩れると他のボロも見えてくる。生きてる時より亡くなってからのほうが血色がなくなる分、シミが濃く出てくる人もいる。

お化粧する前は、ご葬家に故人様の生前の肌色を一応うかがうのだが、たまに故人様にそっくりな身内・親戚の方がいる場合がある。何も言わずにこっそりその方の顔色を見てメイクしていく。生前の肌色のニュアンスは、聞いただけではわからない時は確実である。

今日の故人様はレモンイエローの黄疸《おうだん》が出ていて、お肌はツルツルだった。高齢の女性だったが上品で美人な方だった。ところが残念なことに夕方の薄暗い部屋で、電気は白熱灯のオレンジ色の灯り。なんだかよくわからない状態だったが頑張ってメイクし、ご葬家にはキレイになったと喜んでいただけた。

が、祭壇にご安置されてしまうと棺の窓も閉じられて、お顔はほぼ見られなくなるモノなんだけれど。

今日も一瞬のために頑張ります。

【今日の教訓】アダでもムダでも気は使え！

●ご遺体は「かお」がいのち!

夏、生ものがイタみやすい季節。故人様も生モノである……。

今日はご遺体の腐敗を少しでも遅らせるための、納棺屋さん的「理想的なドライアイスのあて方」について。

普通、ヒトの体温は36度前後。死後体温は18~24時間かけて周囲の環境と同じ温度まで下がる。(死因が事故、敗血症など特殊な場合はのぞく)

が。夏! クーラーなしだと室温は30度を超えている。

「腐敗する」というのは、ヒトは死亡しても、体内にある〝菌〟は生きているために起こる。

〝宿主〟をなくした菌たちが暴走しだした結果、ガス(臭い)が出たり変色したり、膨張したり……と、死後変化してしまうわけである。……要約しすぎですが……。

腐敗の進行を遅らせるには、一般的には死後の体温をいち早く下げるのが一番。昨日まで温かかった人がドライアイスでコチンコチンに冷たくなるのは悲しいことだが、腐敗しちゃうと「ヴゥワアア!!」という、見るも無惨なお顔になってしまうこともある。

私自身お仕事していて悲しいのが、生前の遺影写真はキレイな方なのに腐敗による変化が激しすぎて、お顔が変色してたり、皮がズルンっ！　と剝《む》けたりした時には、

「なんでお顔まわり凍ってなかったんだあぁ～！」……って感じでがっかりしてしまう。

特殊メイクでできる限り復元してみるが、やはり厚化粧になる。

キレイなお顔でお別れするための、納棺屋さんお薦めドライアイス処置は……

・顔の両脇・首元（顔はくっつけない限り冷えるけど凍らない）
・胸・下腹部（腸）にあてる！（胸部・腹部にいる菌をおさえるため）
・肩とひじが動けば、故人の着せ替えもできるので、考えてドライアイスをあてる。
・夏場はドライアイス10キロでも、環境次第では24時間持たない。
あてるキロ数も考えてあてよう！

お別れした時の故人様のお顔って、ず～っと忘れられないもの。

ちなみに私の経験上、生前肌の美しい人、皮膚の薄い人が腐敗すると、ズルンと剝ける場合がある。皮膚がうすい人は耐久性が弱いというか……。女性の方、お手入れのしすぎ

には注意（笑）。

【今日の教訓】冷たくするのも愛情の裏返し。

●納棺時のお別れの品について

私たちの仕事は、多くの場合、故人様をお棺に納棺して終了となる。

お棺の大きさは一般的には6尺（1尺＝約30センチ）、6×30＝180センチくらいになる。

人は、亡くなると背が伸びる。というのは、寝ている状態だと生きている人でも、背骨の間などが立位の状態よりも縮んでいないため、朝と夜とでは身長がちがうのである。

そして、故人様は足先も伸びてしまっているので、生前の身長よりも背丈の高いお棺が必要。

私の知る限り、お棺は安いもので一般小売価格8万円から。高いものだと百万円単位。桐棺や布張り棺、彫刻棺などなど。キリスト教などはビロードの布張り棺が多い。

また最近では、エコロジーを重視した合成紙製のダンボールの棺もある。

棺は「あの世へ行くためのお舟」と言われており、ご葬家としては〝燃やしてしまうものなのに高額〟であり、考えどころだろうが、やはり亡くしてしまった大切な人のことを考えると心中複雑だろう。

あの世へ軽自動車で行くかリムジンで行くか……。

〝舟〟に乗るのならば、〝お土産〟も持たせてあげたくなるものです。

故人様にとっては「旅だち」。せっかくなら、「好きなお洋服を着せてあげてもいいですよ」とか「お別れの品物を入れてあげてもいいですョ」と提案している。そうなると遺族の方は故人様がよく着ていた洋服や一張羅《いっちょうら》を着せてあげたくなるものだし、品物は故人様の好きだったお菓子や本などをついついたくさん入れてあげたくなるのが人の心。入れてあげてもいい、ただし基本的には「燃えるもの」限定で。

したがって高齢の故人様の場合、眼鏡や入れ歯はおことわりの対象。

「お酒が好きだった」と1リットルの紙パックを持ち出す方もいるが、紙パックでもさすがに1リットルはご遠慮いただいている。燃えにくくなるといわれているからである。

また故人様の旅支度道具の中に〝頭陀袋《ずだぶくろ》〟という袋があり、中には印刷された紙に六文銭の絵が描かれたものが入っている。

「三途の川の舟渡し賃、または六地蔵へのお財銭《さいせん》といわれております」とお話すると、典型的豪快なご葬家は「地獄の鬼も金しだいかぁ〜。持ってけ！ 持ってけ！」とお金を入れたがる。燃えるもの、つまりお札で。5千円とかヘタしたら万札がバンバン飛び交う。別に深い意味はないケド、私も人の子。「頭陀袋持って並ぼうかしら？」なんて考えが頭によぎる。

なぜ〝燃えないもの〟はダメなのか？

一般的には、金属やゴム、革製品は「お骨に色がつく」といわれるからだが、火葬場の火夫《かふ》さん（火夫さんとは火葬場の〝焼き場〟担当の人のこと）曰《いわ》く「カマが壊れる」！とか「ダイオキシンが出る」とか……。が、私はやや疑問に感じる。

火葬は何百度という温度で平均約1時間弱かかる。忙しいと一つのカマで3〜4回転するハズなのに、そんなにカマがヤワにできているのかしら？

火夫さんは、故人様がうまくよく燃えるように、覗き穴から故人様を見ながら〝つんっく突っつく〟と言われている。覗きながら燃えにくいものを見つけると、担当の葬儀屋さんが後で怒られる。

本来ならば、特別な事情のない限り、葬儀業界の頂点は葬儀社であり、葬儀社から依頼された寺、火葬場、他諸々の関係者が続く。だが不思議なことに暗黙の〝えらい順〟が決まっていて、お坊さん↓火葬場↓葬儀社↓下請け業者（私たちも！）となっている感がある。

ご遺体ケアの業者は葬儀社からの依頼で動く下請けが多い。最近は葬儀社の中の「自社納棺部」が活躍している場合もあるが、いずれにしても、葬儀担当者とのコミュニケーションがとれていないと難しいものである。

火夫さんに嫌われちゃったら、葬儀屋さんはそこの火葬場を使いにくくなってしまうので、やはり頭が上がらないのだが、中には男気あふれる葬儀屋さんもいて「また焼けないもの入れた」と火葬場からの再三のクレームにもまったく耳を貸さず、ご葬家の好きなものを好きなだけ（倫理的範囲で）棺に入れてもらう会社もある。ご葬家の気持ちを大切にするがためのその反骨精神に、「よっ、男だねっ！」と私は少しシビれる。

だが〝燃えるものだから〟と言っても「倫理的」にどうだろう？　というモノもある。

子供のいないご夫婦の奥様が亡くなられた。ご主人は相当なショックを受けて、その時は冷静な判断ができなかったのであろう。

ご納棺時に「何か入れて差し上げたいものありますか？」と伺ったところ、「どうしても入れたいモノが」とおもむろに台所へ……。

持ち出したものは、サランラップに包まれて冷凍されたセキセイインコ。どのような経緯で冷凍されたのかわからない、セキセイインコのPちゃん（仮名）。

「ほら、〇〇子！　Pちゃんだよ！　一人じゃないから寂しくないよ」と……。

コレは先輩から代々伝わる「奇伝」なので、実際に入れたかどうかは定かではない。ご主人の気持ちを考えるとわからなくもないのだが、普通に考えても倫理的にかなり問題が。

自分や大切な人が亡くなった時、皆さんは何を棺に入れたいですか？

【今日の教訓】ものの数だけ想いがある。想いの数だけ人生がある。

●ザックリときる！　ピシッときる！――故人様のお着せ替えについて

一般的な仏式の宗派の場合、〝白装束＝経帷子《きょうかたびら》〟という白い着物をお着せすることが多い。着付け後、ご葬家の希望があれば、経帷子とセットの〝旅したく〟という足袋《たび》・脚絆《きゃはん》・手甲《てっこう》etc などの〝おへんろさん〟のようなお支度を皆さんにつけてもらったりする。

お年よりは、経帷子がたしかに似合う。なんともハマッてる感じだが、若い方はなんだかチグハグというか、着せられてる感がする。例えば、よく若い女性は豹柄を着る。気の若い女性は豹の顔柄を着る。多少バージョンを変えれば、不思議と年代が違っても似合うものがこの世にはたしかにあるように、葬儀屋さんも「故人様に好きな衣装を着せられますよ」というわけで、いろいろな衣装を持ってくる。

一般的なもの……スーツ・セーター・シャツ・スカート・パンツ・ワンピース・着物・浴衣。

ちょっと困るもの……ドレス（ウエディングドレス・チャイナドレス）・タキシード・羽織はかま・チョゴリ……着せ方が……（汗）。

ゆとりがあって前びらきの服が楽である。

逆に困りものは、まず〝ピッタリしたもの&分厚いもの〟。ドレスなどはめったにないが、お着せするときはホントに申し訳ないが、ゴロンゴロンと転がしながら着せることも……。さらに厚手の服はドライアイスの冷気が届きにくくなって、お腹が緑色に腐敗し臭いがする可能性も……。ワタシ的感覚ですと、その臭いは鼻腔にピリッとシビれる臭いがする。

着せ替えは硬直を解きながらするのだが、死後硬直は大体の目安では、死後2～4時間で硬直開始↓6～12時間で最硬直↓18時間目から弛緩が始まり48時間ぐらいから完全に柔らかくなる。

筋肉の多い方のほうが硬直っぷりは硬く、男性でガッチリマッチョな方の硬直はこちらがプルプルしながら硬直を解くことに。

湯灌は故人様をぬるめのお湯で洗体するもの。「やっぱりお湯をかけると硬直が柔らかくなるんですね」とたまにご葬家に言われるが、お湯は無関係。

「私がぷるぷるしながら硬直とりましたから！」とか「硬直経過時間が過ぎたのでしょ

う」……とは言えない。

さらに困難なのが、肩とひじと手の合掌が凍っている場合。手が凍っていると、解凍しなければ着せ替えができない。

さらに凍結して、手の形が変わることも。「おいっ～葬儀屋（さん）！ ドライアイスの当て方考えてくれよ～！」と思う。湯灌の場合は最悪、病院で着せてくれた浴衣はジャキジャキ切り、凍った手にお湯を当てて溶かして取る。納棺の場合は温風ドライヤーをガンガン当てて溶かす。

だが、湯灌も納棺も手は溶けても肩やひじは簡単には溶けないので、そんなときはやむをえず、〝服を切る！〟ことに。

ひどい話だが、故人様は常に寝ている状態なので、とりあえず希望の衣装を着ているように見えることに意義がある！ 寝ている故人様を立ち上げる人はまずいないため、皆さん気付かれない。

そこで背中の真ん中・センターラインをザーッと切り、腕が通れば故人様が若いときに着ていた細身の服でもほぼ違和感なく着られて、ご葬家もご満悦である。でも実際はドリフのコントのように、ヒュッと引っ張れば素っ裸になるのだが……。

せっかく天国に行くのなら、たしかに一張羅《いっちょうら》で行きたいものである。ただしサイズの合うもので……。

【今日の教訓】仕事の演出は〝正しさ〟よりも〝それらしさ〟を心掛ける。

●だめぇ～そんなトコさわっちゃイヤ。ご遺体への接し方

私たち湯灌・納棺屋は常に〝親切・ていねい〟がモットー。優しく物腰も柔らかく、穏やかな微笑みを含みながらご葬家と接することが基本！

……ただし、ご葬家の前では、である。

準備の段階ではご葬家には席をはずしていただき、シズシズとドアを閉め、無言で無表情の作業の鬼になる。ご遺体処置・備品のセット・湯灌なら畳1枚強の大きさの浴槽を室内に担ぎ込んだり。冷静に焦りながら慎重に（？）進めるのが〝ご遺体処置〟の現場である。

でも常に気にとめていなければいけないのが、感染症と背中合わせの可能性があるということである。

死後24時間は体内に持つ細菌が、次の媒体を求めているもので、感染経緯も3通りある。

（接触感染）汚染された体液が傷口などから入る。たとえばB・C型肝炎や、破傷風、エ

イズ。

（飛沫（呼吸）感染）汚染された空気を吸ってしまう。たとえば、結核、ジフテリアなど。

（経口感染）汚染物を口から取る（食べる）。たとえば、O—157、コレラ、赤痢《せきり》、A・E型感染。

悲しいかな、葬儀屋さんから故人様の死因をあまり教えてもらうことは少なく、また、仕事柄、当然打っておくべき〝肝炎免疫ワクチン〟も、打たずに動いている納棺師も多いというのが実情。私たちの仕事はリスキーであります。

湯灌は、素手で洗体する。危なそうな仕事にはゴム手袋をつけているが、以前、時間がない時、注射針でシリコン液を入れ、やつれた顔をふっくらとさせる特殊メイク中に、故人様に使っていた注射針をゴム手袋の上からグッサリ自分に刺したこともあった。泣き入りました。

飛沫（呼吸）感染の可能性がある結核の方などは即、火葬場行きなのだが、実は病気もちだった！　なんて後から判明することもある。

それを知らずに故人様使用の寝巻きやシーツをバフゥ！　なんて具合にたたんでしまう

と、〝故人粉《コジンコ》〟が飛ぶ。故人粉とは故人様の垢やフケなど、故人様の粉のことで、仲間うちでは通称コジンコ。吸ってしまうと危険なことは言うまでもない。

また、故人様の体を動かした時に〝ブー〟っとガスが出ることもある。臭いし泣ける……。

経口感染について。口からの感染といっても、まさかこの仕事で「カッコいい故人様だから、ちょっと舐めちゃおう～」なんて思う人はいないが、葬儀屋さんが「まんじゅうあまったから食べなさい」と素手でちぎってくれたことがあった。

ナニを触ったかわからない手である。好意だけで充分お腹一杯。

「まんじゅう恐い」である。

一見何ともなさそうな故人様でも、ナニ持ってるかわからない。感染しやすい時というのは、自分の体力が弱ってる時である。すごく注意していたのに感染してしまい生死をさまよった先輩もいたし……。

故人様の鼻や口から血液や体液がとめどなく流れるのを、ご葬家が一晩中ふきつづけていることもあるが、ナーバスになっているご葬家に「感染の可能性があるのでヤメてください」とは言えない。ご葬家に何事も起こらないように「顔はほほえみ、心は鬼に」を心がけている。

【今日の教訓】もらいものには注意しよう。タダより恐いものはない。

●闘病後の故人様について（1）ガリガリ編

納棺業務を遺影写真の前で行うことがある。故人様を見ながら「生前とまったく別人……」と感じることは多々ある。

遺影写真では健康そのもの！　血色も肉付きもいいお父さん。だが亡くなった姿はゲッソリやつれ、体重は45キロないくらい。まだ70歳になってないのに高齢の方によくある、体が曲がった形で固まっている。自分の身をかばうかのように、脚をピッタリと自分によせた〝体育座り〟のまんま……。

あまりにもやつれ過ぎている故人様はご葬家の要望があれば、特殊な薬剤で完璧に戻らなくてもある程度はふっくらとさせることもできる。一番目立つ〝ヘコミ〟がこめかみ・頬骨・眼窩である。

生きている人も自分で自分の鏡を見て「あれっ、老けた!?」と感じた時は、コケ始めた証《あかし》かも？　ハリ感のあるメイクを！

遺体の場合は、凹んだところに特殊な処置を注射器で挿入する。感覚でいえば豊胸手術のおっぱいパッドの中に、後から生理食塩水を入れるようなものだろうか？　ぷわ〜っと膨《ふく》らんでくる。

ちなみに、豊胸手術・鼻のシリコンなど整形した人はお亡くなりになると見た目に〝入れてる感〟があり、〝モロバレ〟。ご家族には事前にカミングアウトをお薦めします（笑）。

今日のようなガリガリに痩《や》せた人は、針で刺しても出血することはほぼなし。体内で血液はどこに行ってしまったんだ？　というくらい死斑自体も色が薄いし……。こめかみをふくらませたいなら頭皮から、頬なら口の中から、眼窩なら目頭などに注入すると眼球が持ち上がってものすごくナチュラル〜なお目元になる。元どおりとはいかないが、多少は痛々しさはなくなる。

今回、喪主の奥様も穏やかに喜んでくださった。立派な息子さんも真摯《しんし》な態度で、感謝の言葉をいただいた。〝体育座り〟の脚は片方だけは何とか伸ばしたが、もう一方の脚は抱え込んだままで直せなかった。でもできることはやり尽くしたし、ご葬家も満足していただいている。だけど、何か自分がシックリこない！　納得いかない！　生前の健康な頃の遺影写真とあまりにかけ離れすぎていると……。

「今日のご葬家はお金持ちだからね、ホテルみたいな病院だったよ」

と葬儀屋さんに聞いた。定年退職後まもなく病気になり、4年間入院していたそうだ。

「企業戦士だったんだ……」

人間の体内時計は、年齢によって感じる長さがちがう。幼児、子供、青年、中年と長いようで早い人生をかけぬけて、やっと定年後に時間ができた頃になって、闘病生活になるなんて……。切なくなる。私は無性に悔しくなった。

ご家族もご本人も、いつか全快するかもしれない！　と望みつづけた4年はとても長かったのではないかと思う。せめて快適に！　せめてできる限りのことを！　と考えながら今日の仕事を終えた。

なにか達観したようなご家族と、瘦せた体で、ひざをきつく抱えた故人様の姿から、4年間の思いが伝わるようだった……。


【今日の教訓】仕事とは働くこと。

働くとは傍《はた》を楽にしてあげること。

●闘病後の故人様について（2）ぷくぷく編

闘病後なのに〝ぷくぷく〟している故人様は、多い。
なぜ亡くなった人が〝ぷくぷく〟なのか……？
それは治療中の投薬・点滴などの〝なごり〟があるからだ。
どのような薬・薬剤でどのように治療を受けるのかは、ケースバイケース。憶測だが、治療するためのお薬も自己回復力＝生命力がなければ体には機能しない。本来効くべきところに薬が届けば自然と排泄《はいせつ》という形で循環されるハズが、
吸収しきれない薬剤は行き場がなくなる。
↓
体内にたまり体がぷくぷくにムクむ。
↓
排泄する力もない。
↓

でも治療は進めないと死んじゃう。

もっとぷくぷくする!!

↓

「あらっ?　10キロは太ったかしら」

というくらいムクむ。全身ムクむので、後頭部なども〝グニグニ〟。

ムクんでしまった故人様の気の毒なことの一つは、〝エンジェルさん〟を巻かれてしまうこと。

エンジェルさんとは故人様の《アゴ当てバンド&合掌バンド》のことで、その名の由来として、白いサテン地で伸縮性があり、フリフリにシャーリングされマジックテープ付きの《ロマンティックかつ機能的な合掌バンド》だから。

故人様の口が開かないように頭からアゴにかけて縛り上げ、手首がしっかり合掌したまま硬直するように縛り付ける。

ロマンティックなエンジェルさんでも、ムクんだ故人様に長時間つけるとSMである。

ムクんだ手元は確かにそのまま合掌しても手が解けやすくはなるが、エンジェルさんを着けたままにしておくと縛った手首だけが細く締め付けられ、よりいっそう、手先も腕もパツンパツンになる。

顔は頭から頬を通り口が閉じるように縛るのだが、頬骨のあたりにバッチリ〝天使の足跡〟が残る。手首はある程度マッサージすると腕にムクんだ体液を流すことができるのだが、顔はなかなか消えない。

恐るべし、「天使の拘束具」。

もう一つは〝体液漏れ〟が始まることだ。亡くなると、死体現象（死後起こる変化）とともに腐敗も始まる。皮膚も弱くなると、逃げ道のなかった体液と化した薬剤たちが出てくる。

初期段階：点滴痕から体液が漏れてくる
中期段階：薬剤により濃度の薄くなった血液とともに鼻腔・口腔からの体液漏れ
後期段階：上記の段階を経て〝全身水泡〟となり、皮膚はデロデロに皮が剝け、まっ黄色の体液まみれになる全身水泡の処置は〝絶対体液をもらさない！〟が基本だから、体液止めスプレーやら吸収マットやら包帯やらで完全防備したうえに〝経帷子＝白装束〟をお着せするため、「新潟・地吹雪体験ツアー」の〝たんぜん〟を着た人みたく〝おっきな人〟になる。

私の地域では安くてもお棺は8万くらいはするから、体液もれでお棺を汚すわけにはいかない！　また、もれた体液からご葬家への感染症の可能性もある。しかもドライアイスも駄目押しで多めに入れなければ体液が止まらない可能性もあり、故人様も踏んだり蹴ったりで、さぞお疲れになると思う。

ムクむだけで印象は大きく変わる。ご遺族はその姿を見て闘病期間、故人様が点滴の管につながれた姿を思い出すことに。

管から解放された故人様の腕や脚をさすり、何を回想するのだろうか……。

【今日の教訓】人の変わらぬ思いを察してあげよう。

●ご遺体改造計画（1）　リンクルケア　眉メイク編

ノーマルな状態のご遺体に共通しているのは、顔のしわが伸びていることである。顔の張りが出て伸びているのではない。きれいなお顔の故人様でも死後変化（腐敗）により皮膚が柔らかくなっている。それに加え、寝ている状態で皮膚が下方向に下がりポニーテールをしている時のようにしわが伸びるのである。

死後24時間〜48時間ぐらいの故人様が一番美しく、皮膚の状態も良好。タイミングよくその時間に処置できれば最後の出棺時（火葬）まで美しく保てる。

それ以上になってしまうと、逆に皮膚が弱くなってしまうためあまり強く触れることは避けている。病状など、場合によっては皮膚が皮剝けを起こしてしまうこともあるからである。

しわが伸びている状態の故人様でも、より美しくするためにまず手を加えるのが目元である。

目指すお顔は、その故人様なりのやすらかな〝天使のような顔〟。

苦渋に満ちたお顔を感じさせるのは、たいてい深い〝眉間のしわ〟がある。生きている方でも、顔の目鼻立ちが中心より離れているかどうか、つまり〝求心的な顔〟か〝遠心的な顔〟かで、眉間のしわの寄り方が違う。求心的なお顔の人は遠心的なお顔の人よりも、眉間にしわを寄せた場合〝折りしわ〟がつきやすく取れにくい。……みなさんも気をつけよう。

故人様のリンクルケア方法

1. 眉間・目元のしわを伸ばす場合、マッサージをしながら眉間とその周辺の皮膚をもみほぐす。
2. 頭皮・地肌も後頭部の方面に向かい皮膚をしわが伸びるようにやや引っ張る。腐敗で皮膚がいい感じに柔らかくなっているので、引っ張った皮膚もわりと思いどおりに伸びる。
3. 深いシワにはコンシーラーなどシミを隠すファンデーションでカバーしたあと、明るい色のファンデーションでライトアップすると随分目立たなく、よい表情になる。

次に手を加えるのは眉毛とまつげ。女性の故人様は柔らかい印象にする。
1．眉頭と眉山の角《かど》を微妙に取り鋭さを消す。
2．〝眉間が開き気味・淡い色調・やや太めな眉〟に描く。
細すぎて濃すぎる眉は高齢の方の場合は老けた印象を強調することになる。生きている方なら快活な印象になるそのような眉の形も、お亡くなりになると険の強い印象に見えてしまう。

柔らかく穏やかな印象に仕上げたほうが、ご葬家のウケはよい。

男性の場合は、精悍《せいかん》で凛々《りり》しい印象にする。
1．眉マスカラでやや上方向に持ち上げ気味に流れを整える。
2．薄すぎる場合は眉毛のかけている部分だけ書き足す。
高齢のおじいさんなど眉が垂れ下がるくらい長くなっている故人様もいるが、〝縁起かつぎ〟で眉カットしない男性もいるので、ご葬家の希望がない限りはあえて眉カットはしない。

マスカラの重要性について。

「眉はお顔の額縁です」という言葉がある。かの有名なモナリザも眉なし顔がゆえにアンニュイな印象になっている。眉があるかないかで表情全体がきわだつからである。ここ数年のメイクブームでは「まつげもお顔の額縁です」と付け足したいものである。

目元の仕上げは、男女問わず透明マスカラでマツゲをハッキリとさせる。

やはりお亡くなりになっても〝目力〟があると、お顔立ちが引き立つのである。眉毛とマツゲは男女問わず顔の中で唯一自然に生えている体毛であるため、きちんと生えているほうが目鼻立ちがよりキレイにうつり、生き生き？　とした印象を与えるのである。

華美なお化粧は希望がない限りはあまり施《ほどこ》さないが、ご葬家はだいたいにおいて「死化粧とはどうすればいいものか？」ということがわからないものである。美しさ以前に普段生きている私たち女性でも、自分のメイク方法は流行よりも自分の好みに落ち着く場合が多くないだろうか。客観的にどう見られているか？　ということはなかなかわからないものである。

ご葬家が、普段の故人様のメイク方法をそのままして差し上げたいという気持ちもすご～くよくわかる。

だが結果的に、仕上がりでウケがよいのは、その人らしく穏やかな表情を作りながらベストな方向へ〝微妙に微妙に〟修整したメイクだったりする。見る人が〝安心感と安らぎ〟を感じることが、この場では必要なのではないだろうか。生きている人にも言えることかもしれない。

【今日の教訓】営業ではなくカウンセラーという意識で仕事にのぞむ。

●ご遺体改造計画（2）　吸い付きたくなる？　リップメイク編

死後変化の一つに〝乾燥〟がある。

故人様のお顔で一番乾燥が目立つのは〝口唇〟。

乾燥の度合いが激しい故人様だと、その乾燥した口唇は若い方でも、シワシワに収縮し革製品のように硬くなり（これを革皮様化という）口唇の色素が酸化し、赤い色も黒色（茶褐色）になる。

そうなると、口紅をつけてもキレイに発色することもない。乾燥して水分を与えることで少しは膨潤軟化（水分を吸収し、ふくらみやわらかくなること）するが、若干白くふやける程度で、一度そのように硬くなった組織は元通りにはならない。ビーフジャーキーを一晩お水につけても、翌朝にステーキ肉にならないのと一緒である。

乾燥の度合いがひどくない場合は、乾燥防止としてしっとりさせる保湿ケアをする。普通の化粧品でもいいが、肌への吸収率が悪くメイクがノリにくい。ワセリンやオロナイン、何もなければマーガリンやマヨネーズでもなかなかいいらしい。

口唇も乾燥させないために、口紅とリップグロスはたっぷり塗る。そして口角をおさえ〝クッ〟と内側に入れ込み、小作りで小さなニコッと笑った口元にするのである。あとは下唇の中心をオーバーリップぎみに描くと、いっそう素敵な口元になる。おばあちゃん故人様などは薄いピンクの口紅などにすると、とてもチャーミングである。

首吊り自殺の若い女性の故人様がいた。

首吊りの仕方や状況はわかりかねるが、死因的に、口唇が革皮様化する方が多い。その方は普通にしていても大変美しい方で、お顔も苦しんだ様子もなく、お肌もツルツルなのだが、唯一口唇だけがカピッ！　としているので、ご遺体用ワックスに口紅をまぜて口唇の形をまず修復した。

ご遺体用ワックスとは、故人様のお顔に何かしらの欠損がある場合に用いる、いわば〝顔用粘土〟。ある程度形を作った口唇の上からさらに色を乗せ、リップグロスも乗せ、口唇の縦シワも作ることに。

〝艶《つや》〟というのは上手に使えば生き生きした印象にもなるので、グロスも使いようである。

結果、不謹慎だが……それはそれは、めちゃセクシーな口元になりアンジェリーナ・ジョリーをもっと品のいい感じにした風で、元が美しい方だけに女の私でも「うおぉチューしたいぃー」と思えた。美人なのにほんとうに残念。

ご本人の生前の写真に似せて作った口唇だが〝やらしさの秘訣〟はツヤっぽさと縦シワであろう。

人相学的に言うと、ふっくらとした唇のほうが情が深いとか、縦シワがある人は人付き合いがいいとか……。とある本には、〝セッ○スの第一象徴である〟……女性器の……と書かれている。

ん？　では最近のリップメイク方法は大体が「ふっくら・つやつや」などを提唱している。

もしかして男性に無意識に想像させるようにしむけているのか!?　はたまた私たち女性がそんな男性心理を逆に利用して、自らそんなメイクをしているのか？　ひょっとして少子化対策か？

今考えると、「積み木くずし」が放送されていた時代にはなぜ、ドドメ紫色の口紅を、口唇は薄めの形にして化粧していたのだろう？「アタシはこんなんですよ」と、伝えていることになっていたのではないか。

いずれにしても、故人様には今後も時代にあったメイクを施すのがよいだろう。

【今日の教訓】美とは「調和」、バランスである。

●水も滴《したた》るいい女？　ワックスによる特殊メイク

その故人様は、手術後意識不明のまま1ヶ月でお亡くなりになり、その間点滴による薬剤投与と酸素マスク等をお顔につけたままだった……という。

お布団でお休みになっている故人様の姿は「残念なこと」になっていた。長期間お顔に異物が当たっているだけで、微量の圧力が肌を傷つけてしまうのである。

まず、お顔は酸素マスクの跡の傷が「顔から転んだの!?」という感じで鼻からアゴ先ホオ下まで皮が剥けて生傷だらけ。

唇は乾燥しカサブタのようにカピカピで、真っ黒な色と間延びした形で〝柴犬の口〟のようになっていた。が、看護師さんもその傷が可哀想だったのだろうか、傷の上にバンソウコウを貼っていたので「肌色のひげダンス」のようでもある。

看護師さんのその優しい気持ちは、ご葬家にはありがたいのだが、メイクをする際にはお顔のバンソウコウは〝困りもの〟。なぜなら傷が乾かないから、通常のファンデーションが乗らないのである。

そういう時はご遺体用ワックスを使用し、特殊メイクをする。

ワックスは粘土のようなもので常温だと固まるが、人肌でも長時間触れたりすると多少柔らかくなる。

まず生傷に綿を当て土台にし、上からワックス。リキッドファンデーション、そしてパウダーファンデーションで仕上げる。

今回は唇が柴犬になっていたのでそこもワックスで塗りつぶし、ワックスによる人工口唇、付け唇にした。

鼻下からすべてワックスを使用したので、唇は口の形になるようワックスに線を入れ(基礎)、ならし、盛り上げ、形を整える……まるで工事のようだ。

人によってはシワや毛穴の感じも作らなければ不自然なのだが、でも本日はおばあちゃんなので、シワはないほうがご葬家うけもいい。

元から豊満な体型の故人様なのだが、さらにパンパンに浮腫《むく》んでおり両脚に20センチほどの水泡があった。体液と薬剤でまっ黄色でビチャビチャ。お手当てとシーツ交換をしなければならない。汚れとともに臭いもスゴイ。

大きめ故人様でも、シーツや布団ごとテコの原理で故人様に転がっていただくと、私一人でも新しいモノに交換できる。

「臭いのモトはモトから断たなきゃダメっ！」のとおり、布団でかくしても、臭いは残るので、絶対手は抜けない。

ご葬家にしても、激臭で悲しみも倍増するやもしれない。

臭いに関しては、葬祭業者は過敏である。

必要以上にお線香を焚《た》いている場合、何かあるかもしれない……。

特殊メイクを施し、体の状態も芳《かぐわ》しくない故人様というのは、処置・納棺後でも場合によっては変貌してしまうこともある。お顔の色が変わったり、鼻や口からさらなる吐血が始まってしまったり……。

今回は〝処置・メイク成功！〟で、お直しの呼び出しがかかることもなかった。

「あちらのご葬家、無事お葬儀終了しましたか」と葬儀屋さんに伺うと、

「特殊メイクで大変だったんでしょう？　触るとお化粧崩れますよ！　って言ったのに最後故人様のお顔ベタベタ触ってたよ～」

「……はははは ぁ。（またか。そりゃそうだよね……）」

柴犬のような深い呼吸器の跡も、巨大な水泡と薬剤のためにできた体中のムクミも、故人様とご家族が、生還するために戦った証《あかし》。彼らは家族であり、病気とともに戦った、いわば戦友。思いがあふれるのは当然なのだから。

業務所要時間2時間（通常1時間）。弔問のお客様で20分中断、他2組弔問客をお断りしたが、次の納棺業務へ20分遅刻……そんな今日のお仕事であった。

【今日の教訓】〝不自然さ〟を察しよう。気付きの直感はたいてい正解。

●言いにくいんだけどさ（1）　やんわり訂正する

情報がビジネスの勝敗を決める世の中とはいえ、各地方による因習というのはなかなか変わらない。葬儀における言い伝え・しきたりは特にそうだ。

そもそも〝湯灌〟とは、桶に〝逆さ湯〟なるものを用意し、そのぬるま湯で故人様の体を拭き清める。というものだった。

逆さ湯とは何か。

お風呂などをヌルめる時に、本来は〝お湯→水〟の順で入れるもの。

不祝儀事は「天地逆さ」になる、という考え方から〝水→お湯〟の順で逆さにヌルめた湯のこと。

逆さ湯は作り方をご葬家に説明して作ってきてもらうものだが、あるご葬家は桶《おけ》に〝日本酒のお湯割り〟を入れて持ってきたことがあった。

「桶にお水を入れてから、お湯を入れたサカさ湯をお願いします」

喪主さん、

「オヤジ（故人様）が日本酒好きだったんで、高いほうの日本酒で作ってきました～」

小瓶で1本¥7000もする日本酒とお湯で逆さ湯を作ってきたのだった。

入浴剤がわりに〝酒風呂〟とか〝牛乳風呂〟はたしかにお肌ツヤツヤになるかもしれないけど、今必要な逆さ湯とはちょっと違う……。（アルコール消毒？）

こんな時は、相手を傷つけずに間違いを訂正する必要がある。

同僚は
「スミマセン、私の言い方が悪かったので勘違いさせてしまいました。申し訳ありませんでした」

喪主をフォローできたか？　恥を打ち消すことができたのか？　この場合は、これでナイス訂正！　丸く収まった。

私たちのような知名度が低い職業は、葬儀屋さんがご葬家に事前にどのようなことをする人が来るか説明してもらわないと、すご～く不審がられる。

な・の・で、〝不安にさせない・疑問を感じさせない・恐怖を与えない〟が私たちの重要テーマ。

ましてこ「ご葬家を傷つけてはいけない！」。あわただしい時でもナーバスになっていることには変わりはない。

たとえどんなにトンチ○カンな振る舞いをしているご葬家でも、

「今は不幸があったので、この方は普通とは違う心境なのだ」

と強引に〝前向き&友好的〟に考え、説明など間違っていなかったとしても、まずは
〝自分は相手に対して不親切だっただろうか？〟と考え対応するように心がけている。

それでも、無茶なことを言うご葬家がいるのも事実……。

私たちに対してはたいてい〝故人様がらみ〟なのだが、例えば故人様の変色した顔色を
「もう少し薄く（化粧）できませんか？」との注文はよくある。

必要があるから、そのようにしているわけだがやはり納得できないご葬家。

この場合、

「はい、お化粧は薄くすることもできます。ただ、今よりも故人様のお顔色が変わる可能
性はあります。いかがいたしますか？」

と正直に返答する。

このような〝了承する→現状報告→選択の提示〟の場合、たいていのご葬家はそのまま
のメイクを選ぶ。

別に緑色に腐敗変色した故人様でもご葬家がいいと言うのなら、そのように対応する。〝提供〟と〝押し売り〟は異なる。専門家とはいえ、各ご葬家の家族の風習もあるわけだから、専門家がよかれと思ったアドバイスも「そんなの気に入らない」ことも充分あるのである。

ちょっと変でも希望があるということは、故人様を送る気持ちがあるということ。可能な限り、ご葬家の好きなように思いを叶《かな》えさせてあげたいと思っている。

【今日の教訓】返事は肯定から始めよう！

●言いにくいんだけどさ（２）　シブシブ？（かなりイヤイヤ）了承する

〝お清め〟儀式というものがある。

大きな街中のご葬家では因習などにこだわる方はあまりいないが、すこし郊外に行くとお清めをするのが習わしらしい。

私がよくあう〝お清め〟は、「お豆腐と日本酒」の儀式だ。

故人様の納棺の前に行うもので、納棺に立ち会う方を〝清める〟意味らしい。

お豆腐の儀式……一丁のお豆腐を一膳のお箸で、納棺に立ち会う全員で食べきる。その時に嚙まずに取り分けた分を一口で食べきる。

意味↓真っ白いお豆腐を飲み込むことで、故人様に対して「私はお腹の中から真っ白ですよ～。何も悪い思惑はないですよ～」というもの。

日本酒の儀式……一升瓶のお酒を納棺に立ち会う方で、これまた全員で飲みきる。

意味↓日本酒の一升＝一生。故人様の一生を飲みきる！

葬儀屋さんはご葬家に清めの意味を語ってその場を仕切っていた。お清めって、誰がいつから始めたことかは知らないが、どうも単なるダジャレにしか思えない節がある。

他にも意味合いがあるのかもしれないけど……。

で、ご葬家皆さんで日本酒をおちょこに1杯ずつ一気に飲むことに。しかし、立ち会い20人そこそこでおちょこレベルの量では、一升瓶が空くわけがない。

葬儀屋さん、「これからお葬儀もございますので、飲みきれなくても仕方ないですね」

私は内心、（故人様の一生は飲み残されたな……）。

次に用意された、大きめのお豆腐。お豆腐を一膳の箸で取り分けて手の平に受け、口に運ぶのだが、途中から来たおじいさんの番になり、来た途端「豆腐を食え」と言われても、わけがわかるはずもなし。

案の定、豆腐を取り分けパクッと箸ごとねぶり食った。

私は（あ～ぁ。やっちゃった。あとの人、唾液間接チューだね）と、黙って観察していたのがまずかったのか、豆腐が大量に余ってしまった。

葬儀屋さん「では、余った分は我々（葬儀屋さん3人＋私！）でいただきます」と、さっき日本酒を残させてしまった手前、豆腐だけは！　と思ったのか、お鉢が回ってきた……。

今さっき故人様の処置した私のこの手で豆腐を受け、おじいさんが口つけた箸で食べるのか!?　私が唾液間接チューの刑なのかっ？

「もーーーぜーーったいいやだあぁぁーーー」という心の叫びは、誰にも聞こえなかったと思う。

その後、別の納棺業務の際に似たような地域で、ご葬家が、

「お清めはいつしたらいいんですか？」

と言い出した。

事前の打ち合わせで聞いてない。葬儀担当者はいないので、私のほうで仕切らせてもらうことにした。

納棺終了間際、担当者が来たので、お清めを希望されたのですでに行ったことを伝えた。

担当者「えー、町内会の人で事前にやっといてくださいって言っといたのに～」

そんな人来なかったけど、私は「なんとか滞《とどこお》りなくさせていただきました」と伝えた。

私「日本酒は本来一升飲みきるものですがあくまでも〝言い伝え〟ですので、苦手な方は口をつけるだけで結構です」

その後、豆腐の説明になり、

「お豆腐はか・な・ら・ず！　皆様で残さず！　食べきってくださいっっ」と……。

【今日の教訓】苦い経験こそ人に学びを与える。人生は学ぶための時間である。

●ペットと守り刀

北枕に寝かしたご遺体のフトンの上に、守り刀を置く。

守り刀とは、武士の死者にはその枕元に刀を置いた名残ともいわれるが、一般には遺体の死臭をかいでそれをねらう悪鬼を防ぐために、死者があの世にゆくとき、魔除けとして刀を遺体の胸の上に置かれるという昔からの風習のこと。

守り刀は、現在では葬儀社の専用小刀となったが、昔は普段使っている鎌が使われ、埋葬後はその鎌をお墓の魔除けとしていた。

参考「葬儀しきたりの由来説明」

私は子供の時、おばあちゃんに、

「守り刀みたいな光り物を置かないと猫に踊らされるんだぁ」と聞かされていた。

「死んじゃった人が猫に踊らされるのは、なんだか楽しそうなのになんでダメなんだろう?」と幼な心に思ったものだ。

悪鬼にねらわれる=いたずらされる=踊らされると、子供にわかりやすく説明してくれたのだろう。

ご葬家で、ペットを飼われているお宅も当然多い。

あるお宅ではリビングの中央にダブルベッドを設置し、そちらに故人様がお休みになっていた。ペットと一緒に……。

ブリーダーをされているわけではないようだが、そちらのお宅はまるで「シーズー牧場」。

リボンや洋服を着た7匹のシーズーが、故人様のベッドやその周りで、寄り添って一緒に寝ていた。

「故人様を守っているよう……」と眺《なが》めていた。

また、あるお宅ではミニチュアダックスフントとラブラドールの2匹（ともに室内犬）を飼っていた。

1Fはあわただしくなるので2Fにワンコたちを上げていたのだが、私はラブラドールからそれはそれはものすごい勢いで警戒され、ベランダから、

「わんわんわんわんわんわん！」と吠《ほ》えられることに。

姿が見えると怒るんだろうと少し離れてみても、ベランダや窓から火がついたように「ファワン！ブァワン！ブァワアッン！」とさらに激しく吠えられ、

「怪しい人物じゃないと認識してもらえたら、吠えなくなるんだろうけどナー」

と見ていたが、以前同僚がご葬家のワンコに〝怪しい最要注意人物〟と確定認識され太ももをガッツリ噛《か》まれ、大変なことになったことがあった。

会社的にそのような経歴もあるので、2Fで吠えているほうが無難と考え直した。

日頃、おとなしいはずの犬種であるラブラドールがアレだけ吠えるにはたぶん「おまえら！　ダレだっ!!　帰りやがれ！」と言っているのかもしれない。〝バウリンガル〟とドラえもんの〝ほんやくコンニャク〟が欲しくなった。

ちょっと不思議だったのが、野良猫が弔問に来ていたこと。

しかも〝野良ロシアンブルー〟なのだ。

納棺式の半ばにひょっこり庭の窓の外で室内を見ているので「猫、家に入れてあげないのかな～」と見ていたら、ご葬家奥様が「あれ野良猫なんですぅ～」とのこと。

「グレーのきれいな野良猫がたまに来るから、亡くなった主人と餌あげてたのよ。でも呼

んでも来ないし、すぐパッといなくなっちゃうのに今日はいなくならないわぁ～」

猫好きの葬儀屋さんも、

「野良ですか!?　あれロシアンブルーっていうすごくいい猫ですよ」

ご親族の方々も口々に、

「きっとお別れに来たのね」

野良ロシアンはちょこんと座ったまま黙ってじぃーと部屋の中を見ていた。

もしかしたら「餌《えさ》くれよ」と待っていたのかもしれないが、お世話になった故人様にお別れの挨拶に来たものだと私も思った。


子供よりもペットが多い時代。そのペットが死んでしまったらものすごく悲しい。

でも、ペットよりも自分が先に死んでしまったら？

独居死というのがある。

一人暮らしの方が、なにかの事情でご自宅で誰にも知られず亡くなってしまうことだ。

たまにあるのが、一人暮らしだけどペットを飼っていたという事例。鳴いてみても舐めてみても、ご主人様はピクリともしない。誰かが気がついてくれるまでは日に日にご主人様は腐敗していく一方。もちろん臭いも出てくる。

餌をくれる人もいない、誰かが気づいてくれるまではドアは開かない……。

ペットはどうするか?

切羽詰まってご主人様を食べてしまう場合もある。

……。

発見された故人様は所々かじられた姿で亡くなっているそうだ。

ペットを飼っている私としてはひいきめではあるが、これはいたし方ないと思う。

一言ではかたづけにくいが、その辺はやはり動物なのだろう。空腹に耐えかねても脱出することもできないのであれば、ご主人様を食べて食いつなぐしかないのだろう。

それでも誰かが発見して扉を開けたときに、まだ生きながらえていたならよいほうだ。

発見が遅れてドアの前で餓死してしまっていたペットなどもいるそうだ。

以前、寝たきりのおばあちゃんの足の指を野良猫が食べた!? というニュースがあったが、私は「自由に行動できる野良猫が? それってホントかな～～?」と感じてしまった。

水入りペットボトルが野良猫にきかないのと同様に、守り刀も動物は怖がることはない。

寄り添ってくれたり、守ってくれたり、お別れに来てくれたりもする。

私がもし独居死をして、

「ごめん、ちょっとだけ一口だけちょうだいニャ〜」

となった場合、それを悪鬼というならば、そんな状況を作り出してしまったことをかえってペットに詫びたくなるだろう。

踊らされてもいい、食べられてもいい。

ただ、自分が先に死にペットを残してしまうとしたら、死んでからその安否が心配だ。

生き物を、悪鬼にしてしまうのも愛する家族や忠実なるシモベ？　にするのも本人次第。（人の上下関係も同じようなものかもしれない……）

「守ってくれているか」

「日頃どんな眼差しで見ているか」

「真の愛情があるか」

それらを感じ取っているからペットたちは側にいたのかもしれない。

よく噛むし、いたずらするし、触られるの大っ嫌いなくせにいつも後追いしてくる我が愛猫と、遊び相手には物足りなく、ろくに世話もしないくせにやたら触りたがるうっとおしい飼い主である私。もしかしたらよい相性なのかもしれない。

どちらが先に死んでも、来世があるならまたこの仔《こ》と暮らしたいと今から願っている。

【今日の教訓】忠義や愛情は一日にしてならず。

女納棺師に質問！　その1

※ブログで、仕事に関するさまざまな質問を募集しました。それらにお答えします。

●この仕事を続けていられる理由は何ですか。嬉しい瞬間はどういう時ですか。

（M・Oさん）

不謹慎ですが、やはり楽しいから続けていられるのだと思います。ご遺体の状態があまりよくない場合、火葬後に葬儀を行うか、お顔をかくして葬儀を行うケースがあるのですが、特殊メイクによって通常の葬儀ができた際、ご遺族の方に手を取りながら感謝していただいたこともあります。そんな時は疲労困憊していても役立ててよかったなと思い、やはり充実します。

●霊安室などで、幽霊を見たことはありませんか？（Sさん）

見たことはありません。でも聞いたこと（？）はあります。ご葬家待ちの待機中に「ブワワワヮン」と、もの凄い剛速球のような音が右から左に駆け抜けていき、ひっくり返りました。スゴイ音だったのに同僚にはまったく聞こえておりませんでした。幽霊は基本、信じないのですが、アレは何？　耳鳴りか？　大急ぎの故人様か？　謎です。

ご遺体と二人きりでいても、幽霊を見たことはないです。家の冷蔵庫の前で、牛や豚や鶏の霊を見ないのと同じです。（笑）

●危険なことはないですか？　どんな点に気をつけていますか？（tokyo24さん）

感染症です。故人様に威厳を持って接するのは当然なのですが、安易に考えての接触はやはり危険なことです。事実、業務後に何かの菌に感染し生死をさまよった者もいます。

二章　女納棺師、ただ今お仕事中！

●虫嫌いの私がいかにしてウジを克服したか――独居死の場合

久々に独居死の故人様のお仕事が来た。独居死とは、一人暮らしをしている人が自室などで一人きりで死亡すること。日頃から人と交流の少ない人は死後1ヶ月～2ヶ月で発見なんてこともザラにある。

「35歳　元OL孤独の死」なんてニュース、昔はわりと聞いたような気がする。世論が「一人きりで自宅で死んでしまうなんて、なんて気の毒な……」という風潮だったからだろうが、今はお年寄りの方は市の訪問介護など受けていることも多く、生存確認をされるためか、昔に比べ孤独死は少なくなった気がする。

だが注意すべきは、さまざまな理由で〝一人になりたい、引きこもりたい〟という理由の孤独な人たちだ。

彼らの中には自暴自棄になっている方や、自己の健康状態を過大評価している方もいて、ある日何かしらの病でバッタリ逝《い》って、近隣の人から「○○さんちのまえ通ると最近臭うのよね～」とか、大家さんが家賃の取り立てに来た時に気付いてもらえることもあるとか……。でもその時は（季節によるが）、すでに〝大変な状態〟になっていたりする。

今回の独居死の故人様は、連絡の取れない父親を心配したお嬢さんが発見したそうだ。死後10日経過。離婚し一人暮らし。アルコール過剰摂取による急性中毒らしい。普段から肝硬変は患《わずら》っていたらしいとのことだった。

腐敗の進行も、故人様のおかれている環境次第。故人様はややミイラ化してきており、目蓋《まぶた》や唇の粘膜に近い部分は皮膚が乾燥し縮んできているため、目元・口元を引っ張っても完全に閉じることができない。

だが他の皮膚は、ミディアムレアというか、同時に腐敗も進行しているため、変色もしているし、皮膚を強く引くとズルっとむける。そして直接の死因はアルコール……お母さんハエの餌食《えじき》になるのは当然である。ハエはアルコール、糞《ふん》、腐敗物のニオイが大好きである。匂いの元から栄養分を摂取できることがわかっているし、腐敗して柔らかい肉は赤ちゃん（ウジ）の育成にも最適。まさに今回の故人様は、ハエにとってミュシラン3つ星級の最高のごちそうなのである。

状況が怪しいので、消毒を兼ねてエタノールをかけてみた↓ウジが出てきた。

口腔内と鼻腔内に噴射した↓さらにウジが出てきた。

皮膚を固定するスプレー糊《のり》とスプレーファンデーションをかけてみた↓ファンデーションまみれのウジが苦しみながら出てきた。

虫は大嫌いである。

セミもおっきなハエにしか見えない。

ウジは恐怖の対象以外の何者でもない。だがお仕事！　最初は本気で恐がっても、やがて「仕事を邪魔する気持ち悪い憎い虫！」に変わる。そう思うとスイッチが入り無心になる。怒りが自己を恐怖（苦手意識）から解放し、仕事が快調に進む。

ウジがのた打ち回る皮膚にファンデーションを塗りたくり、無事にメイクが完成してもなおウジが歩いている。あとは多めにおいたドライアイスの炭酸ガス（二酸化炭素）の冷気とともにウジが酸欠してしまいますように～と祈りつつ、その場をあとにした。

第一発見者のお嬢さんのショックは相当のものだったらしいが、メイク後のお顔を見て多少は安心していただけたそうだ。その後も2匹出てきたウジは葬儀屋さんがこっそりやっつけてくれたそうだ。

その日ワタシのブログを初めて見てくれた友人から、

「日本一美しいご遺体を！　遺族の方とともに故人を旅立たせてあげてください」とメールをもらった。

この夏2度目のウジの故人様。

いつも、「今日の故人様がワタシを選んでくれたのには、何か理由があるのかも～」と思うことにしている。

だから、「君は僕を通してウジを克服しなさい！」と故人様から言われているような気がした。

なにかを克服するために必要となるものは、結局のところ「覚悟」なのだとわかった。覚悟を決め役割に徹するのだ。

けして日本一といえるような美しい故人様にしては差し上げられなかったが、心残りなく旅立っていただけたことを祈る。

【今日の教訓】意識を変えれば気分も変わる。意識一つでセミもハエ。

●親分の苦悩？　ヤ○ザ屋さんの葬儀にて

新規でお仕事をいただいた葬儀屋さんのお仕事に、葬儀の3日前に、

「サービスでドライアイス20キロ持参で前処置に行け」

と会社から指示が出た。

故人様は最近できた葬祭場の、設定温度4℃の冷蔵庫の中にいた。

4℃というのは葬祭場の中でもわりと低い温度設定なので、腐敗して〝ドッロドロ〟だったり、出血している故人様でない限り、ドライアイスは当てなくても充分なのである。

逆にカチンカチンに凍ってしまって、お髭《ひげ》そりもメイクも含み綿（鼻などに入れる綿）もできなくなる。

「20キロドライは多すぎると思うんですけど」

と会社に連絡したところ、

「じゃあそのことは、（仕事をくれた）葬儀屋さんには言わないように！」

「ハァ～？」

結局、翌日もう一度葬祭場に行き、ドライアイスを外しにいったが、すでにご遺体はコチコチになっていた。

業務本番当日、なぜ会社からドライアイス20キロなどという過剰サービスの指示を受けたのかが初めてわかった。

祭壇の設置はできているので、遺影写真でお顔色を確認させていただこうと表の斎場に回ったところ、すでに弔問の方が大勢来ていた。

パンチなヤ○ザ、サングラスヤク○、チンピラ○クザ、サラリーマン風ヤ○ザ……。

〝Vシネ〟みたいに実にわかりやすいその筋の方が大勢いて、妙に納得した。

入り口の付近から写真を見ていたところ、

「なーんでこんなとこに受付のテーブル置くんだ〜！」

と一名のヤ○ザさんが叫んでおられ、「ちょっとソレ縦に置き直してョ！」とご指示をされてどこかへ行ってしまった。

そういう斎場設置の仕事は葬儀屋さんのお仕事なので、私には関係ないのだが、逆らわずにセッティングし直していたところべつのヤ○ザさんがやってきて、

「ちょっとねーさん。なんでコレ向き変えたの？」

「今、お直しするようにご指示受けたのですが」

「誰が言ったのソレ?」

「(シラネーよ、お仲間デショ!) えっ! いえそれは今お席外している、別の方に」

「イーヨ。元に戻してよ!」

「はい、わかりました」

私の一言でケンカが起きたら最悪である。私も怒られない程度に言葉を選んで対応、無事切り抜けた。

入社したて(?)のチン○ラヤ○ザさんは私たち素人のことをジロジロ見たりするが、偉いヤ○ザさんは素人には優しく対応してくれる。その斎場は4つのホールがあり、一日に4組は葬儀ができるのだが、その日は〝貸しきり〟で、一般の方は誰もいない。裏でウロウロしていたところ、ヤ○ザさん以上にはるかに人相の悪いマル暴担当の刑事さんたちが4、5人、待機していた。この〝業界〟の方が葬儀する時は、待機するのが常らしい。

やっとやって来た極○の母娘さんたちは、本当に〝極○らしい〟雰囲気の方々で迫力があったのだが、見た目で人を決めてはいけないな~と反省したのは、この母娘の悲しみがすごく深かったことだ。

お立ち会いのもとで〝旅したく〟をご家族につけてもらうのだが、私はこの時「あっ」と思い出した。コチコチに凍ってしまった親分の手と足は、冷凍焼き（ドライ焼け）によって色も変わり、霜もふっている。凍りすぎで微動だにしない。上からの指示とはいえ人為的ミスだし、なにより気の毒だ。

「つっこまれたらちょっとマズイぞ」と思った。

が、お嬢さんはショックと悲しみで、故人であるお父様（親分）に触れることができないのだ。ただ故人様の顔をだまって見つめるだけ。

「そうだよな……我に返るのはまだ先のことだよな」と気づいた。

死因は聞いていないけれど、故人様を見て察しがついた。

「この人、吊死だな」と。

極○の妻とお嬢様は、通夜は6時からなのに2時から斎場に集まりだしているヤ○ザさんたちの対応にも追われるだろう。ほぼ〝社葬〟のようなものだから№2・3の方々がほとんど仕切ってくれるだろうが、大きな葬儀、大勢の弔問客になるほど、遺族は悲しみに暮れる暇もなくなる。

器が大きくなればたくさんの酒を入れることができる。しかし、器が大きければ、酒を入れるために器を磨くのも倍の手間がかかる。大きな器を持つ者が冷静に自分の感情と向き合えるのは、宴の後になるのだ。

【今日の教訓】悲しみで泣けるのはまだ余裕のある状態である。

●予想もつかない「突然死」

ホテルの人が不審に思い、部屋を訪ねたときはもう亡くなっていたという。「突然死」である。

出張で、ある都市に行きそこのホテルで亡くなったのだ。死因は心筋梗塞《こうそく》、働き盛りの年代に見られる症候である。

原因がわからない〝死因〟というのは、警察による「検視」が入る。事件性はないか？　死因は何か？　死亡時刻は？　などを調べるためであるが、実際は「火サス」「土サス」のような事件性のあるものは少ない。

検視の場合、病死によるものが6割といわれる。自宅死亡や通院最終診療後24時間以上経ち死亡すると、定義上では変死扱いとなってしまうのである。

現地の警察で検視後、故人様はこちらに戻ることになる。

〝警察御用達《ごようたし》の葬儀社〟というのが各警察署にあり、その葬儀社の人が故人様に下着もシャツもズボンも履《は》かせてくれていた。

本当はご遺体を下げた葬儀社が「葬儀を受け持ちたい！」のが本音だが、この場合はこの地元の人でないのでいたしかたない。納棺されて飛行機で帰ってきた。その場合貨物室になる。

心筋梗塞、脳梗塞などは血流が突然停止することで酸欠状態になる。病状の出方によるが、酸欠状態が長く続くと主に顔面がうっ血し、そのうっ血した顔色のまま死亡してしまうのである。悲しいことだが、苦しみが長いほどうっ血状態は強く、ひどい人は真紫色が鎖骨あたりまで広がっていることもある。

担当の葬儀社の方は「奥さん大変だよ、パニくっちゃって」と言われていた。

いらしたご葬家は、パニックはもう過ぎて呆然としている様子だった。

「こんなにお化粧濃くしなければいけないんですか？」

私の技術不足もあるかもしれない。だが、男性でもある程度はお化粧しないと紫のままである。

ご納棺の際、故人様に持たせてあげたい品物を棺に入れてもらい、祭壇に棺を設置するため、葬儀社の人が葬儀場に一足先に故人様だけつれて行ってしまった。

「働き盛りの役職のある方」の「仕事先での死」である。恐らく故人様の会社の代表も弔問に来るであろう大きな葬儀なはずで、時間的な余裕はないのである。

だがご家族はけして満足の行く対面時間ではなかったはず。先を急ぐ必要があること、メイクを濃くしなければいけないことなど、いたしかたないとはいえ気の毒に思った。


不運な出来事は誰にでも起こりうる、「悲しみの当たりくじ」かもしれない。

葬儀では「なぜ？　どうして？」と考えてもいなかったような悲しみを自分の出来事として受け入れる前に、やらなければいけないことが次々に起こる。そして起きていること、これからのことなどに翻弄《ほんろう》される。

「苦しかったのだろうか？　痛かっただろうか？　何か言いたいことは？　こんなことになるならどうして自分は○○してあげなかったのだろう？　どうしてあの時○○してしまったのだろう？……」

そんな思いが頭をよぎるのは後々のことなのかもしれない。

「私は子供を学校へ送り出す前に『ああ、この子の姿を見られるのはこれが最後かもしれない』と毎日思うことにしてるんですよ」と言った女性がいた。

私もここのところ起きる地震に対して防災の準備はさておき、彼氏とはお互いに「お別れの挨拶」はしておいた。朝出勤する前はチューだけはしておく。すいませんノロけてるつもりじゃ……。

多少のストレスや不満があっても仕事はある。

たまに小さな小競《こぜ》り合いや心配事があっても、家族は家族。

特別にラッキーなことがなくても、毎日単調でも生活は成り立っていく……幸せはそんなものかもしれない。

さけられない悲しい出来事が、もしも自分や家族に起こってもできる限り割り切れる悲しみになるように、毎日を過ごしたいと思った。

【今日の教訓】愛する人へは毎日愛情表現をしよう。
子供を叱った後はハグをしよう。
旦那をコヅいた後はチューをしよう。

●私をとかして……氷漬けの故人様

「葬儀順番待ち」かつ「友引前に葬儀を終わらせたい」故人様がたくさんいる繁忙期はなかなか忙しい。

だが、順番待ちのための不都合も生じる。亡くなってからずーっと待たされていた故人様は、〝氷漬け〟にされる。

とにかく腐敗が進行しないように、ドライアイスを山ほど当てられる……。

今は冬。しかも一番寒い季節でも必要以上に当てられるので、いざ〝湯灌〟だ〝メイク〟だ！　となると、故人様を解凍しなければいけなくなる……。

今日の故人様、腕の注射痕より出血。

しかもドライアイスの解けた水分により、出血した血液が背中まで広がり、着ている浴衣が血液でビッショリである。

合掌した手元も、体にぴったりとついたひじも腕もコチンコチン。

解凍しないと、出血に対する処置も湯灌終了後の着せ替えも何もできない。

ご遺体の場合、自然解凍する時間もないし、自然解凍すると霜はっちゃう。急速解凍としてお湯をガンガンかけて解凍することになる。

失礼を承知でご葬家が来るまでに、故人様の着ている浴衣をジャキジャキ切り取り、手元にガンガンお湯を当てる。

なんとか手元の合掌は解くことができた。

ヒジが曲がった状態も、片方だけでもいいから伸ばしたいところだが、ヒジまでは解かすことは難しい。

手元が離れていれば、なんとか湯灌終了後に着せ替えはできるのだが、あとからまたさらなる問題が生じることもある。

いざご納棺となりご葬家の方に一緒にお手伝いいただく。

ガタン！　故人様、お棺の半ばで凍った両ヒジがつっかかる。入りきらない。

ゴタッゴタンッ！　故人様、お棺の中に落ちるように入りきる。

……ご葬家の女性の小さな悲鳴。

「故人様、肩幅の広い方でいらっしゃるから。オホホホ……」

肩幅が広いとは、リンゴ型肥満の方のことでもある。上半身の体格がいい↓胴回りも太い＝二の腕も太い＝横幅が広くなる。

このような方の場合、腕が凍ったまま横幅が固定されてしまうとなおさらお棺に入らなくなることもある。

今日の故人様はなんとかお棺に入ってくれたが、体は多少曲がったままもう動かすことができなかった。体格の良い方は、腕は納棺したあとに合掌しないと、ヘタをしたら棺の蓋も閉まらなくなることもある。

ちなみに、男性でガタイがデカイ、太っているは「恰幅《かっぷく》の良い方」、女性で太っているは「豊満な方」との表現をするように心がけている。

必要であるからドライアイスを当ててるのはわかる。

冬の北海道や東北などの寒冷地方でも、ドライアイスはきちんと当てる。

最初不思議に思ったが、寒い地域は、冬は生半可な本州よりも暖房機能が充実しているため、室内はかなり暖かい。ドライアイスが必要になる。

だから本州の地域も、環境と状況を見てドライアイスの加減や程度を見計らうべき？とも思う。

大切なご家族が亡くなった場合、疑問に思ったことは遠慮せずにどんどん質問していいと思う。

故人様の状態を保護するために、何がベストか？

場合によっては、自宅にご安置されている故人様は冬でも冷房をかけてもらうことになるかもしれない。

そうすれば、必要以上にドライアイスを当てなくてもすむはずだ。

だって肉や魚じゃないのに、「冷凍焼け」した故人様は見たくないでしょ？

【今日の教訓】物事は身近なものに置き換えて考えよう。

●怪！　デメキンの呪い

これは、ある一定の条件が整うと、不思議な現象がたびたび起きることがある、という事例。

めずらしく〝イケメンぞろい〟の葬儀屋さんがいる。20代後半～40代にかけたその葬儀屋さん営業担当の皆さん全員が、ナイスガイ！

そちらの社長さんは、明らかにビジュアルで社員起用したとしか思えない。

密《ひそ》かにそちらのお仕事に向かう時は「ラッキ～」くらいに思い、まずは自分の化粧なおしをしてから伺ったりしたものだ。

……が、ある助言をしたためか、以前よりナイスガイ葬儀屋さんに伺うことが少なくなった。

お仕事の発注が少なくなったのである。

イケメン葬祭からは、ある共通した状態の仕事をチョコチョコご依頼いただいていた。

それは、故人様の〝人相が変わってしまった〟というお仕事である。

共通点とは——ある霊安室の冷蔵庫に故人様を入れると、故人様の目がデメキンになる怪現象。

故人様の性別・年齢・体格を問わず、真夏でもそうなっていた。

マブタは閉じているのだが、閉じた目の下で、ものすごく眼球が飛び出てる。

高田フ○オ氏の目元が、2倍くらい腫《は》れている感じ。

そしてコチコチに凍っている……。

「目元を何とかして欲しい」「なんでこういう風になっちゃうんだろう……」

と、イケメンさんたちはカッコいい顔で困惑していた。

処置・メイク中はイケメンさんたちも葬儀屋さんなので、他の仕事で忙しい。こちらがどうやってデメキン故人様を修整しているのか見ていないから、また、デメキン故人様が誕生する。

なぜか……？

原因→急速冷凍しすぎだから。

私が仕事する地域では、季節を問わずに霊安室冷蔵庫の温度はどこもだいたい平均４℃～６℃くらいを保っている。

人は亡くなると、もちろん自分で発熱することはできない。

したがって冷蔵庫に故人様のみ入った場合、体温は冷蔵庫内の温度まで下がる。

まだ冷めていないオカズを冷蔵庫に入れるようなもので、ゆっくりではあるが、異常がない限りは温度は下がる。

故人様の腐敗の進行は、腹部と胸部を完全に凍らせるとかなり遅くなる。

だが死後変化の穏やかな健康的（？）な故人様なら、冷蔵庫に入ってしまえば二、三日はドライアイスを当てなくても問題はあまり起きないのだが、どうやらイケメン葬祭では「完全腐敗防止！」を目指していたらしい。冷蔵庫に故人様を入れる段階ですでに納棺済み。さらにドライアイス20キロプラス。ドライアイスの効きも、納棺された状態のほうが保冷効果が高い。

その状態で、ご遺体用冷蔵庫に入っていただいていた。

ドライアイスを入れたアイスＢＯＸを、さらに冷蔵庫に入れた感じか？

したがって、故人様のおかれる状態は〝氷点下冷凍庫〟となる。ドライアイスの当てすぎ！

そしてこれが徐々にではなく一気に氷結冷凍してしまうことで、故人様の〝デメキン〟ができあがるのだ。

人間って水分の多い生物であるということはみなさんご存知でしょうが、特に〝眼球＝目玉〟はほぼゼリー状の、水分質の塊《かたまり》のような物質。

水は氷になると体積が増える。

目玉も氷になると体積が増える。したがって、デメキンになる。

原因がわかれば治し方は簡単！

解かせばいいのである。ただしお顔なので、お湯を直接かけるのは忍びない。

ドライヤーで解凍すると、飛び出た目玉もスーッと落ち着いて、あるべき位置に戻ってくれる。

何度目かのデメキン修整メイク終了後、そちらの霊安室の方とすれ違ったときにご質問を受けた。

「お化粧おわったの？　どうだった？」

「はい、きれいになりました」

「あのう、聞いていいかなあ。どうしてああいう顔になるのかな？」

「たぶん……ドライアイス当てすぎだと思いますよ」

実は何度か同じ状態の故人様が続いているので、忠告すべきか上司に相談したところ、

「別に教えてあげなくてもい〜んじゃな〜い？」

と、その意図を隠しつつお気楽に上司は言ってのけてくれた。

「まあ、上司の考え方だしな〜」

なんて思っていたのであえて、自ら進んでの助言はしていなかった。

でも、もう何度目かのデメキンだし、イケメンたちはどうしたものか、といぶかしい思いでいたはず。

結局、故人様を優先した私が口を割ってしまったので、それからはデメキンにもイケメンにも、残念ながらなかなかお目にかかる機会が少なくなってしまった。

困難の原因を知りたい解消したいという方にあえて知らないフリなんてしたくないし、改善したいという思いは向上心の表れだし……。ならば、協力するべきと。

〝目の保養〟がなかなかできなくなってちょっと残念だが、故人様が〝目の飛び出る思

い〟はしなくなったので、まーいっか。特別に〝目玉サービス〟しすぎちゃったかな？

【今日の教訓】 怪現象には「科学的な目」をもとう。

●狭き門より入れ――納棺師から見た現代マンション事情

「私は玄関の間口が広くて天井の高いお家がいい」

「ワタシは引き戸でガラス戸の玄関でもいい。玄関の脇に別間みたいなのがあればなおいいなァ～」

「玄関が狭くても、窓から庭にすぐ出れる大きな窓があるのもスキ～」

「マンションなら絶対新しいマンションがいい！」


住みたい家のことではない。納棺師が仕事として行きたい家のことである。湯灌・納棺をする時には、ある程度の〝ゆとりのある出入り口〟が理想的である。湯灌の浴槽と棺の搬入が関係してくるからだ。

入院の末、病気が回復をすることもなく亡くなってしまう方はたくさんいる。亡くなったら悲しい退院をしなければいけないわけだが、自宅に帰ることを依頼するため、葬儀社は故人様のいる病院の霊安室に迎えに行く。葬儀社では「自宅へ下げる」↓

「下げ」という。(ちなみに、死亡診断書があれば遺族が自家用車で搬送しても構わない)

故人様は自宅に連れ戻してあげたいと思うものだ。

亡くなっても故人様の家である。自分の家で自分の布団で休ませてあげたい。

住宅事情が許すかぎり、ほとんどの故人様はそうしていると思う。

故人様が自宅に帰宅後は、布団に安置。

枕飾りという焼香台をセットして、仏式なら枕経、そして遺体処置や湯灌をして納棺となる。(最近はこの地域では枕経をあげることはめっきり少なくなった)

納棺する時は、故人様の顔の向きが極力正面を向くように微調整。

顔の周りの飾り綿花やご葬家が入れた納棺の品が、出棺時にとっ散らからないように願う。

だが、各家庭の住宅事情がそれを台無しにしてしまうことがある。

まず、間口が狭すぎる。

棺を45度くらいに傾けないと、棺の出入りができない。

故人様は〝布タンカ〟というモノに乗っていただけば、狭い玄関でも入ることはできる、が、棺は曲がらないので「はい上げてぇ～つぎ下げてぇ～」となる。

マンションの高層階でも、エレベーターに「隠し戸」がある場合は、棺は余裕で入る。

隠し戸とは、遺体の運搬用にエレベーター内に設けられている、奥行きを広げるための扉のことで、隠し戸を開けるとエレベーターの奥行きが2メートルくらいになるので、通称「デブ棺」と言われる大型の棺も、ギリギリ入れることができる。

だが、古めのマンションだと、その隠し戸がない場合がある。

あるご葬家では3Fだったので、階段で行った。

また、あるご葬家では7Fだったが、ご納棺して棺を立ててエレベーターで降りた。

パッキンを大量に入れて極力、故人様が動かないように納棺したが、まったく無駄。

葬儀屋さんがエレベーターの中で棺の窓を開けてみたところ、

「あっ……。故人様、居なくなられてる……」

お棺の中で寝ているはずの故人様は、中腰になっていた。棺内の飾りつけも何もかも、台無しである。故人様もお疲れ様です。

事例を挙げたらキリがない。

ある築年数の古いお家では、部屋にたどり着くまでに廊下があり、さらに妙に曲がり角が多く、しかも狭い……。

またあるお家では、1Fは車庫兼倉庫、2・3Fが自宅。屋根つきの階段で踊り場つき。踊り場は階段の途中で曲がるということだからカーブ地点。そして玄関の間口も狭く、階段から90度曲がって入る玄関。

これらすべてで、お棺はくるんくるん回して、垂直に立てないと室内には入らない。

第一関門・第二関門……と関所が多すぎて、カラの棺は入れても、故人様が納棺されたあと、どーやって家から出るんだ？　ということも少なくない。

家の構造上、何をするにも「ムチャすぎ」な場合は結構ある。

家から出棺という形で故人様を送り出したい気持ちはわかるのだが、故人様が大変なことにならないかどうか？　ということを大前提で考えてもらいたい。

ご葬家の気持ちを理解しつつ、葬儀社の方も、うまく説明してくれることを切に願う。

たまに私も、上司からムリな状況を「うまく何とかしてきて」と言われることがある。

「君ならできるでしょ」という期待と信頼も少しはあるのかもしれないが、

「それくらいの状況でも、そのキャリアなら何とかできるでしょ？」の意もあると思う。

そりゃ、プライドにかけて何とかするさ！

だが、無茶の代償は、結局どこかに現れるものである。

次回からは、こんな状況では「故人様がふて寝しますよっ！」と言いたい。

常識や理想だとしても、「できないものはできない！」という判断が時には重要である。


【今日の教訓】上手な言葉を用意しておこう。言葉ひとつで流れが変わる。

●入れ歯、カラーコンタクト……亡くなった人の〝相棒〟たち

ご葬家の希望で多いのは、「故人の口に入れ歯を入れてください」というもの。

お年寄りが亡くなる最期のころ、食事もできず呼吸器などもつけるので、入れ歯は邪魔なのかもしれない。総入れ歯を取った口元はショボショボなので、当然、含み綿で口元を整える。

実は含み綿で口元を整えたほうが、故人様は「美人&男前」になる。

横顔のEラインが整いやすくなるからだ。

Eラインは横顔の美しさ・理想的なバランスについていうものだが、骨格のバランスがとれていると正面から見たときも当然バランスがとれていて、美しい。

また、口も閉じることができるし、口角を上げて微笑んだ口元を作ることもできる。

しかし、〝作る側〟としては「少しでも美しい故人様を!」と思うのだが、ご葬家はそれでは満足しない。

亡くなった故人様に、別に美しい人でいることを望んではいないからである。

ちっちゃい大往生おばあちゃん故人様も、入れ歯が外されていた。

老衰による衰弱で、お顔も痩せている。

入れ歯を入れて〝ポリ○○ップ〟とかしても、歯茎も痩せてる場合があり、入れ歯はフガフガで外れてきてしまうこともある。

葬儀屋さんは、

「口元の処置を入れ歯にするか含み綿で整えるか、聞いてみて」とのこと。

私たち的には、お薦めは断然！　含み綿。

が、ご葬家は「できるなら入れ歯を入れてほしい」との希望。

入れてみた。ハマッタ！

が……、見た目には故人様は痩せているためにウルトラ出っ歯という印象。

葬儀屋さんと私は「残念な口元になりました」という感じなのだが、それでもご葬家は「あー、よかったです」という反応。いつもの見慣れたおばあちゃんに戻ったからである。

日本人は進化の過程で、歯を支える歯槽骨が後退して口元が目立つ骨格になっていったようだ。

なおかつ現代人の80％がなると言われる歯周病が進行すると、歯槽骨の退縮により、いわゆる「歯ぐきが痩せる」といわれる状態になり、歯が露出＝出っ歯という状況も、お年寄りには多いようだ。元の骨格に問題があるのなら、含み綿で整えたほうがEラインに近づけることができるのだが、美しく変わることが時にはその人らしさの消失につながるのだろう。

若い故人様の時に「カラーコンタクトをはめてください」との依頼を受けたこともあった。

きちんと目をつぶって亡くなっているので、はめたところで、当然カラーコンタクトのブルーの瞳は見ることはできない。

でも、遺影写真の故人様も〝青い目〟をしていた。

いつもの目をした故人様で安心して旅立ってもらいたいのだろう。

側にいた近親者にも「その人の固定化されたイメージ」を崩したくない思いがあるのかもしれない。

そして〝それ〟があるのがいつもの故人様、なければ「忘れ物だよ！」と声をかけたくなるような気分なのかもしれない。

人間というのは、体の一部といえるさまざまな〝補助具〟に支えられている。入れ歯・眼鏡・補聴器・杖……それらを使用することで、失われた機能は回復はしなくても、補助され支えられて生きていく〝絶対なくてはならないもの〟たち。

また〝なくてもいいもの〟でも携帯電話・ボールペン・手帳・財布・ティッシュ・ハンカチ・常備薬……それらを「忘れてきた」となると、その日一日落ち着きがなくなったりするものだ。

たまに故人が服用していた薬を山ほど〝納棺の品〟として持ってくるご葬家もいるが、たいていは葬儀屋さんからうまーくお断りされている。

「お亡くなりになると病から解放されたという状態なので、薬は入れなくていいんですヨ」

と。

薬ケースがプラスチックだったり、お骨に色がついたり……、というのが本当のお断りの理由だと思うが、入れてあげたいご葬家の気持ちも、理解してあげたいと思う。

入れ歯も眼鏡も使用経験のない私は「なくてはならない感」をまだまだ理解していないのだろう。そう考えると、人生の晩年にお世話になった器具たちも、あの世へ持っていきたいという思いはよくわかる気がする。

亡くなられた方が苦楽を共にした、絶対無二の相棒なのだから。

【今日の教訓】ものを大切にしよう。ものにはものを超えたモノもある。

●おじいちゃんのカーネーション

ごくたまーに、ものすごい田舎の葬儀屋さんからお仕事をいただく。

今回は、ゴールデンウィーク中なら間違いなく大渋滞になるであろう、水族館が有名な田舎町。

だが、日頃は高速もガラガラ。

時間的に到底間に合わないムリな配車をされたので、ご葬家には余裕で遅刻。

会社への怒りとあせりをアクセルにこめて、ベンツをどかせる勢いで走っていった。

高速道路は急ぐことはできるが、一般道は、特に田舎は絶望的。信号もない。村人も歩いてない。でも車が要《い》る。

田舎の車は、自転車代わりらしくとにかくゆっくり走られるので、結局40分遅刻した。

本来なら大ヒンシュクなのだが、そんな大遅刻でも田舎の人は怒らない。なぜなら待っている人もゆっくりだから。時間どおりという観念がうすいらしく、これを田舎時間というらしい。

今回はさらに別の理由で怒られない。

今の時期、こちらのご葬家は〝繁忙期〟なので、納棺だなんだにはかまっていられないのだ。ご葬家は「カーネーション農家」であった。

ご葬家に行ってみてから「あれっ？」と思ったのだが、以前にも私はここに伺ったことがあった。

たしか寒い時期に、おばあちゃんの納棺を担当させていただいた。2度目なのでリピーターのご葬家である。

今回はおじいちゃん。

おじいちゃんは思いっきり背中が45度に曲がっていて、枕がわりに四つ折りの掛け布団と大きめの枕のダブルで体を支え、やっと正面を向く状態。

普通に納棺してもお顔を正面に向かせることができないので、何とかしてもらおうと呼ばれたらしい。

たしか、おばあちゃんも曲がっていた気がする。

ご家族に立ち会っていただこうと思いきや、担当者の方曰《いわ》く、

「もうすぐ〝母の日〟だから書き入れ時で忙しいんだよね。奥さんが畑に用足しに行って

るから待ってて～」

とのこと。


おばあちゃんの時は女性の方しかお立ち会いがなかった。あの時も、忙しかったのかなと思い返してみる。

待っている間、喪主のご主人から、

「ちょっとねーさん、母さんにカーネーション持ってかないかい」

と納屋に呼ばれ、

「それ、売り物になんないヤツだから好きなだけ持ってってい－よ」

と気さくに言われた。


常に相手に合わせるのがモットーの私なので、

「わ！　いいんですか。ありがとうございます」

と気さくにずうずうしく、山ほどいただいてきた。


三十路《みそじ》超えても「ねーさん」と言ってもらえるのなら、ついでに若ぶってご好意に甘えちゃったほうが心証がいいかなぁ～？　なんてカワイコぶってみる。

赤・ピンク・薄ピンク・オレンジ・黄色・黄緑・白と、さまざまな色があった。

カーネーションも中国からの輸入花の勢いに押されぎみかもしれないが、やっぱり日本の花のほうが品質がよいそうだ。

カーネーション農家で大忙しのこの時期におじいちゃんが亡くなってしまって、正直「マイッタ」という思いもあるのだろう。ご家族は皆さん、落ち着きがなかった。

やっと皆さんおそろいで、おじいちゃんの前にご葬家親子3名様お立ち会いいただくと、先ほどの納屋での様子と打って変わり、口数も少なくなりスコンと落ち込まれてしまった。

喪主様は無口になり、奥様は「昨日までしゃべってたのにネー」。

お嬢さんは声もなくボロボロ泣かれていた。

忙しい中、落ち着いて、亡くなっている様子をやっとまじまじとご覧になったのかもしれない。

喪主様は故人様の旅支度が整うと、納棺を待たずに納屋に行ってしまった。

納棺は45度に曲がった背中を中心に「Vの字」になるように頭の下と腰の下にかけ布団や枕をどかどか入れて、故人様のお顔が正面を向く絶妙のポイントでしっかり止めなければいけない。移動した時にゆれて、ソッポを向いてしまわないようにだ。

ただ、そうなると、棺の窓を開けるとすぐにどアップで、故人様のお顔。窓を閉めるとあと2ミリで窓にお顔がぶつかるのだが、物理的限界があるのでご葬家も納得してくださった。

葬儀屋さんに、

「おばあちゃんの時も彼女担当したんですよ」

と紹介していただいたら、

「あらっ。髪の長い人でしたよね！　随分短くなりましたネ」

という反応。前回私の髪は腰まであった。覚えていてくれたらしい。

リピーターの方というのはどの業界でもありがたいものだが、この仕事に限ってはお客様は「いたしかたない」という思いだろう。

葬儀など、何度も出したくはないものだ。

こちらのご葬家はおじいちゃんもおばあちゃんも亡くなってしまい、今後は30年以上先じゃないとお葬儀はないだろう。

もう、私ともお目にかかることはないと思うし、仮にあったとしても忘れられてしまうと思う。

だが、ご葬家にとっては、カーネーションの忙しい時期の、この葬儀に悲しみに暮れるヒマがなかったこと、親子で育てたカーネーションを無事に出荷させなければいけないこと、曲がった背中のためにぎりぎりで納棺されたおじいちゃんのこと、ご納棺のお花としてもカーネーションを入れたことなどを、忘れることはないと思う。

そしておじいちゃんとおばあちゃんの曲がった背は、カーネーションを美しく育てるという大変なお仕事を全《まっと》うされた証、ということを、忘れることはないと思う。

今、私がいただいたカーネーションは、まさに花ざかり。

おじいちゃんも、今だから安心して旅立たれたのかもしれない。

【今日の教訓】花にはふさわしい時期がある。人生にもふさわしい時期がある。

●四角四面な生き方・死に方

「もぅ、すっごい几帳面で細かくて細かくて～」

喪主の奥様が、故人であるご主人について語った人柄だ。

とにかくきちんとした人だったそうだ。きちんとした人は、自分の生活にスキがない。身だしなみ・立ち居振る舞い・言動……。

「デイケアの若い子にも、よく注意してたわよ。雨の日に来たら『おねえさん、家に入る前にズボンのすそまくってね。床汚れちゃうから』とか言うのよぉ～」

「身だしなみにはすごくうるさくて、病院に行くだけなのに歯磨きして、髭そって、爪まで切ってたわ～。そんなに几帳面で疲れないの～？　ってよく聞いたもんだわ～」

などなど……。

故人様を偲《しの》ぶ時に出る思い出話というのは、語る方が見た故人様の印象そのものなのだろう。

奥様から連呼される〝几帳面〟というキーワードから、第三者である私の「故人様への印象」が決定づけられる。「そう言われると姿勢いいよね」なんて……。

これはあくまでも私の主観だが、生前「キチンとめの人」というのは、あまり病み疲れの印象がない。

無精ひげもないし、爪の長さや、姿勢もそうだ。

入院している時から、お世話してくれる家族や看護師の方に身だしなみケアのお願いをしているのかもしれない。

キチンとしたいから最後まで身だしなみを怠《おこた》ることがない人は、やはり綺麗な感じを受ける。それは亡くなって寝ていても感じるものだ。

例えば寝相というのは、その人の一番楽な姿勢が現れる。寝ながら体で深層心理を表現するというか……。

よく、故人様で〝すごい体勢〟のまま亡くなって、そのまま硬直してしまう方がいる。

この業界でのむか～しの言い伝えとしては、

「棺に入らないので故人様の骨をボッキリ折って棺に納める」

と聞いたことがある。

ホントかどうか、かなり怪しいものだが、そんなことは絶対あってはならない。

ただ昔は棺の種類も少なかった（今は大きめの物も何種かある）ため、例えば体勢が〝卍〟とか〝く〟とか〝凹〟になってしまうと棺の蓋は閉まらなくなるので、その辺から話が始まったのかもしれない。

蓋が閉まらないとたしかに、葬儀がしまらない話だが……。

今は深さのある棺もあるので、多少は〝卍な体勢〟でも故人様の体の下にパッキンなどいれて、なんとか正面を向いてもらうように納棺できるようになった。

ただ、故人様の顔の向きにやたらこだわりすぎるのもどうかと思う。

多少ソッポを向いていても、それがその人にとって楽なのだから。

バランスをとるという無意識の行動から、私は、人の体の機能というのは実に上手くできている、とも感じる。

悪いところや弱いところを補う能力がなければ、ただ悪いまんまで、救いようがない。

すごい体型でなくても、故人様を納棺した時に、右左どちらかにお顔が傾いてしまったままの人もいる。

ご葬家の「まっすぐに正面を向いてもらいたい」という意向はすごく理解できるのだが、その楽な方向に筋肉などが固定してしまっていることも多く、かなり無理矢理押さないと正面を向かない。

「故人様は、ご生前楽だった体勢で固まってしまうことが多いのですが……。いかがいたしますか？」

と聞いてみると、ご葬家はだいたい、

「あっ確かにいつもこっち向いてた！　それならそのままでいいです」

ということになることが多い。

弔問客に見せるための葬儀ではない。

故人様のための葬儀なのだから、故人様が楽なまんまでいいと私は思っている。

先の「きちんとした故人様」は、ものすごく寝相がよかった。

まっすぐ、である。

性格も寝相同様、真っ直ぐな方だったのかもしれない。

喪主の奥様は「疲れないのかしら～」なんて言っていたが、ご生前の故人様は〝キチンキチンでカチンコチン〟な生き方が自然で楽だったのかなぁ～と憶測してみる。

自分が故人様担当のデイケアの人だったらその都度、注意されまくって、

「ちっきしょ～」

と思ったかもしれないが、今時〝他人に注意できるク○オヤジ〟なんて、貴重で素敵な人だと思う。

純粋で計算がないから率直&直球ストレートだったり、真面目だから嘘のないわかりやすい人であると思う。

世間では堅苦しいことを〝四角四面〟と言ったりするかもしれないが、私は結構そんな人を好きだったりする。

そんな几帳面で生真面目な故人様は、私の仕事を気に入ってくれただろうか？


【今日の教訓】「型なしの人生」より、四角四面でも「型のある人生」はすばらしい。

●粋《いき》な男と女――想い出のラブホテル

「お葬儀はラブホテルであげます」

……最初は、意味がわからなかった。

芸能人のようにホテルでの「偲《しの》ぶ会」のような葬儀もあるが、そうではなく、故人様はラブホテルのオーナーさんだった。

残念ながら、個人的にはラブホテルはまず行かない。

が、ここが古いホテルであるのはわかる。

〝火サス〟でバラの花のバックで男女がなだれ込んで行くような妖艶な淫靡《いんび》さで、昔は回転ベッドと鏡張りの天井があったであろう、と思わしきラブホテルであった。

故人様は回転ベッドにこそ寝ていなかったが、部屋の端《はし》ばしには鮮やかな絵のステンドグラスがあり、アテネのパルテノン神殿のような柱もあり……。

もともとは客室だったのを半分自宅に改造したらしく、そのホテル時代の名残が部屋のつくりをすごいことにしていた。自室のものをかたづけるのはムリな状態……。

葬儀屋さんは用意した白幕（式場となる部屋全体に張りめぐらせる白い布）で、家中のものを隠し、四畳半あるかないかの式場を作っていた。

どう考えても、このような状況では普通、自宅での葬儀は行えない。

まず、自宅を葬儀式場に設営するには、苦しすぎる家屋のつくりである。棺がくるりくるりと縦になったり横になったりするのは当たり前の構造。

地理的にここは、わりとハイソでプチリッチな奥様がくりだす街なので、車や人の往来が多く、ご葬家の商売を知っているとはいえ、弔問客もお線香を上げるために、ラブホに喪服姿で一人で、または集団で入って行くことになる。……ナニプレイですかー！

担当者も葬斎場での葬儀を間違いなく薦《すす》めたであろうと思うが、ご葬家には強烈な思い入れがあったのであろう。結局、この自宅で葬儀することになったらしい。

思い入れを感じたのは、まず故人様がムード歌謡的「純白のタキシード」を着ていたこと。

手には小さなブルーの花束、胸元にはバラが一輪差してあり、トレードマークらしいべっ甲フレームの眼鏡。含み綿以外は手を加えるところはない感じ。

故人様70代、高齢の方だとたいていはオシャレといってもたかが知れているので、これは珍しい。

で、ご納棺立ち会いの時間まで、含み綿をする。

その準備のために余裕を持って一時間前にご葬家に入ったはずなのだが、スタート時間は大幅に押した。

「ドアをはずさなければ棺が入りません」とか、「処置するの見ていいですか」「写真とっていいですか」といった中断と、極めつきに、定刻の時間になってから、喪主であるオバーチャン奥様が着替えを始めてしまったこと。

登場した喪主様も、70代のオバアチャン。

そしてそのファッションも「あっ、故人様とやっぱ夫婦だな〜」という感じで、きっちり髪をセットして、アイシャドウもばっちりぬって華やかな色の口紅。細身のこれまたロマンティックな喪服をお召しになって、悠然と登場された。

喪主様のドレスアップのために、さらに〝押せ押せ〟になったのだが、気にしている様子はまったくない。

私が思ったのは、こちらのご夫婦は「日本の一番いい時代を生きてきた人たちなんだろうな」ということである。

戦後の頃に幼少を過ごし苦労したものの、昭和30年代、つまり大ヒット映画〝ALWAYS三丁目の夕日〟のような頃に20代を過ごされて、高度成長期に日本とともに生きた世代。

ご夫婦は、モダンな生き方を実践してきた。

優雅。余裕がありアクセクしない。自分たちに誇りと自信がある。

世間体など眼中になく、作りあげてきた、自宅であるラブホテルで葬儀をあげるのは、ご夫婦の人生の証《あかし》なのだろう。

たしかに、現代人はお互いに気配りしすぎるきらいがあるように感じる。自分を押し殺すというのか、相手の出方を見てから行動する。そして自分を消さない程度の、静かなる自己主張というか……。

私は30代。社会人としてはまだヒヨッコで、人生の先駆者である方はたくさんいる。世の先輩である方々に、もちろん頭は上がらない。たいていの方は、長く生きた分の経験を積んできているであろうから。

自分が50代60代になったころには、自分のことを「ワタクシ」と言える人になりたい。

「～でございます」。場合によっては絶滅した山の手言葉「～ざます」も、言えたら言いたい。

「ワタクシ～ざますのよ」

と話しても、周りの人から自然に受け止めてもらえるような人になりたい。

人生の確たる自信と経験を積まなければそのような「自己進化」はありえないのであろうが……。

世間的には、ピントのずれた〝ラブホ夫婦〟。

好きなように行動する〝ラブホ夫婦〟。

そんな、世間を気にしない自由奔放《ほんぽう》な〝ラブホ夫婦〟の喪主様をはじめとする、自分に誇りを持つ生き方。それは、周囲は少々の困惑を感じるとしても、同時に「素敵かも……」とも思った。

【今日の教訓】自信と責任の感覚は「誇りの持てる仕事」に宿る。

●カミへの冒瀆《ぼうとく》？

デリケートな男性心理を今まで理解できていなかったと、再確認した。

男性のほうが、女性以上に髪型へのこだわりが強い。

納棺までの過程でメイクで肌色を整えたあとは、ヘアースタイリングをする。同性である女性ならば、白髪・ボリューム・前髪の有無などでどのように整えれば印象がよくなるかがわかる。

その点、男性はたいていが短髪であり、どのようにすれば「美しく、かっこよく」見せられるのかがわからない……。

先日、M字○ゲがだいぶ後退した、〝波平型〟の髪型の故人様がいた。

ご家族の落胆が激しいため、少しでも故人様に触れていただこうと思い、喪主様に髪型を整えてもらうようにお願いした。そしてすぐに、

（おやっ！　あ〜〜。お願いして大正解だった〜〜）

と思った。喪主様が故人様の髪型を、ただの波平型ではなく〝バーコード波平型〟にし

たからである。

分け目は2：8。

伸ばした8をぐいっととかして〝バー〟にするのだが、初対面の私は故人様がお休みになって下にさがっている8（バー）に気がつかなかった。

ご納棺するとお顔の周りにドライアイスや飾りつけなどをするので、髪型は微妙に乱れる。

私にはどこが乱れたかわからなかったが、〝分け方〟がいつもの感じと変わってしまったらしく、ご葬家が何度も何度もなおしていた。

うーん、むずかしい。理解力がなくて申し訳ありません。

美容室さんいわく、マレに〝バーコード〟なお客様がいらした時は、シャンプー後のタオルをはずす時、乱れたバーはタオルを「パッ」と取ると同時に「シャッ」となにごともなかったかのように、いつもの分け目になでつけてあげる、と聞いた。

お客様に恥をかかせない。不快にさせない。気づかいしていることを気付かせない。

「お客様の気持ちを察するのが仕事」

これがプロの仕事なのであろう。

最近は、生まれて初めて見る髪型の方に出会うこともある。

ご葬家親族の中に、〝波平〟の襟足部分を伸ばしてポニーテールにしていたり、伸ばした襟足部分を5ミリほどの細さであるが二つに分けたおさげにしていたり……。ともに男性である。

ご親族の方々はご身内の不思議ヘアーは普通のことでも、私は故人様よりその方々の〝波平ポニーテール〟や〝波平おさげ〟に目がクギ付けだった。

（もし、このような髪型の方が亡くなったら、果たして私は今の髪型を再現できるだろうか……）と考えてしまった。

おしゃれのはずが「違う意味の注目」を浴びてしまっていることや、無意識のうちに人に気をつかわせているなんていうことは、もしかしたら誰もがしてしまっているのかもしれない。

だが、愛すべき失態（？）として、ご本人の思いを尊重できるようにするべきなのが人の道（？）なのだろう。

他人にとってどうでもいいことでも、本人にとっては最重要というものはたくさんある。

文化も環境も価値観も美学も皆違うから、その人がなぜそれを大切にしているのか、理解しにくい時もある。

よく「相手の気持ちになって考えろ」というが、相手の気持ちになることなんて、神以外できないと思う。

相手の気持ちの入り口に触れることくらいはできるかもしれないから、各人の美学と繊《せん》細《さい》な願いや思いを、本人の意思に近い形にできればと思う。

【今日の教訓】 気づかいしていることを気づかせない。これがプロ。
互いに終わらない気づかい返しは、互いの自己顕示欲でしかない。

●子供たちのこと

大人になると母性本能も成熟するのか、子供って可愛いな～と思うようになった。微笑ましい。どちらかというと好きである、普段は。

ごくマレにある、……子供の故人様。

得意な人はいないと思う。苦手である。

滅多にないので、対応させていただいた子供たちのことはよく覚えている。


生後1ヵ月で亡くなった赤ちゃん。

小さな顔はカテーテルを留めていたテープの跡で、皮の剝けたような赤い傷跡だらけ。

生まれたてのみずみずしい肌にメイクするのは、下手な特殊メイクより数倍難しい。

どんなに酷《ひど》い状態の故人様よりも、触るのが怖い。

壊してしまったらどうしようなんて、出産経験のない私は感じてしまった。

若いお母さんは、小さなみかん箱ほどの大きさの棺にいる傷だらけの赤ちゃんを見ても

「かわいい~かわいい~」と傍《そば》から離れない。

少し強めに触りたくてもずーっと見ているので、メイクは余計うまくいかない。

自分で「全然ダメだ」と思う仕上がり。

了承していただいたとはいえ、申し訳なさでいっぱいだった。


交通事故にあった4歳の子。

顔も体もむくみ、薬剤・体液の流出がひどかった。日頃使用しているピンセットでは、子供の鼻には太すぎる。無理に入れると鼻骨が折れてしまうので慎重を極める。

その時もお父さんとお母さんはつきっきり。

上に歳の離れた子供がいて、この子は予想外にできた子供で、可愛くてしかたなかったこと。交通事故にあってしまったこと。着せてあげた好きな洋服のこと……。ずっと話していた。

その子の名前は、ある花の名前だった。

その花の名前と同じ香りの線香が、絶えることなく焚《た》かれていた。

病気で長期治療していた7歳の子。

湯灌だったので、先輩たちと3人で処置をしていた。オムツを取った姿に全員でビックリした。大人ほど多くはないが、びっちりと陰毛が生えているのである。

「えっ!?」

たしか7歳だよね？

男性の先輩に「早熟な子がいるんですか？」と聞いてしまったほどだ。

なんの病気かわからないが、どうやら投薬治療の兼ね合いでホルモンバランスが大幅に崩れたのだろう、という話に落ちついた。

よく見ると眉毛もまつげも顔の産毛、腕・足の体毛も濃い目であった。

体は年齢並みだが、思春期並みの体毛。

たぶんご両親はご存知だったとは思うが、切ないだろうな……と思った。

子はかすがい。天からの贈り物。親は子供に「親」にしてもらう。

誰より幸せにしたい、誰より幸せになってもらいたい。生きていく力をつけてあげたい。成長とともに厳しくもするし、衝突も出てくる。子育て・教育で悩むこと、ストレスもたくさん出てくる。

でもやっぱり、あかるい未来を得てほしいと願う。

やっぱりいつまでも、可愛い。

愛《いと》しくほかに代えられないわが子だから。


ある日、70代のお父さんが亡くなって、2階のお部屋から1階へ、故人様の体を支えて階段を下りることになった。

「ご葬家の息子さんたち(40代)に手伝ってもらってください」

との指示書があったので、喪主である70代の奥様にお話したところ、

「そんなことしたことないのに、うちの子たちにできるかしら。無理よ」

とのこと。

自分も子供も年を取っていても、やはりいつまでも子供なのだろう……。

親より子供が先に……というのは、たとえ運命であったとしても納得しがたい、苦しみと悲しみだろう。

守れなかったこと、助けてあげられなかったこと。

何か自責の念に押し潰《つぶ》されてしまいそうになるかもしれない。

ご家族には忘れることのできない辛い記憶になるだろう。

辛い気持ちを完全に受け止めてあげることは、誰にもできないと思う。

せめて亡くなった子供たちがよい世界へ行けますよう、ご両親、ご家族の痛みが時間とともに少しでも和《やわ》らぎますよう、祈るのみだ。


【今日の教訓】育てることで人は育てられる。親は子供に「親」にしてもらう。

●専門家対決？　ご葬家が美容師の場合

担当の葬儀屋さんに、

「今日のご葬家は細かいよ」

と言われた。

口うるさいってことかな？

「まーいーや、行って見なきゃわからないし」とご葬家入り。

納棺式の前に、故人様に含み綿で処置をし、着せ替えをすませお部屋にご葬家をお呼びした。

ご葬家は開口一番、

「なにこれ!? 顔が変になってる！　お母さんじゃなくなってる」

……細かいってこれかぁ～。理解した、と思った。

故人様はいつでも初対面だけど「こうしたほうがもっと綺麗になる点」がよくわかる。

今日の故人様は、〝深い眉間のシワ〟〝逆八の字の怒ってる風眉毛〟〝ゆるんで開いたままの口元〟、そして若かりし日の〝シルベスタ・スタローン〟的なゲショッとした頬。生え際が5センチほど白髪であることは、ご葬家から言われたら考えるとして、頬と口元を適度にふっくらとさせ、口を自然に閉じるようにした。

が、即ダメだし。

「口元がゆがんでる！　ホッペもペショッとしてるのが、お母さんなの。変よぉ〜、変よねぇ〜？（周りに）全然変になってる！　綿を抜いて元に戻してください！」

ひどい言われように、めげずに、

「綿を抜くと、お口元は閉じることができませんが……？」と応答。

「いいんですっ。お母さんは口がさっきのほうが、やさしそうで笑ってたから元に戻してください」

こんなにぷんぷんにキック言われるのは、ホント珍しい。

でも、エキサイトしたご葬家をおさめるには、ご希望どおりにしたほうがいい。

頬の含み綿を抜くと同時に口もあいたが、熱くなっていたご葬家の方はご満足された。

お化粧の時に、

「故人様自身のお口紅使うことできますよ」

と告げると、

「ファンデーションも使えるの？」

「だったらS社のファンデーション使ってたよな」

ご葬家兄妹の会話である。

男性にしては詳しすぎる？　といぶかしんでいたら、激しいご家族のやり取りに恐縮したらしいご親戚のおじいさんが「うちは美容師やってるんですよ」と告白。

なぜ、こちらのご葬家が激しいのかが理解できた。

ご遺族目線＋《プラス》専門家目線で見ていたのだ。

美容師さんは華やかな仕事。かつ、確かな技術と人を気持ちよくさせる話術・接客術が必要。日進月歩、流行のある世界だから、当然私の仕事も気になるのだろう。

メイクが終わり髪型をどうするか？　になり、

「見えるところの生え際を染めて、前髪を額の両角に向かうようにおろしてほしい。逆毛立てて、スプレーで固めてから……」

ご指導が入ったのだが、毛染めの用意はない。

ということでご指導はまったく無視し、茶色のマスカラとパウダーアイブロウで染めた。

まつ毛とまゆ毛も、毛は毛。使用箇所を変えても毛に使えるものは使える。

ごくたまに薄毛の男性がカモフラージュ増毛で地肌にふりかける〝黒い粉〟の原理を考えると、パウダーアイブロウも黒い粉である。薄毛で白髪の地肌が見える人には、ベビーパウダーを地肌に刷り込むと毛量が増えて見える。

ちなみに日本人の自然色のまゆ毛を描くには〝エボニー〟というデッサン用の鉛筆がい い！　というのはメイク業界では有名な話。（今はヘアカラーしてる人が多いので、そうとも言えないだろうが）

ハリウッドで有名な、日本人メイクアップアーティストのカオリ・ナラ・ターナーは、肌の弱い俳優のために、ティッシュペーパーを燃やしたススでメイクしたという話もある。

結構、なんでもアリなのだ。

言われた以上に毛染めして、ブロウもし、前髪を作った。

ご葬家は生きている方へサービスする専門家。

こちらは亡くなった方へサービスする専門家。

対象は違えど同じ職人である。

興味もあるし何か得るものがないか？　見る目も変わってくる。

私自身、美容室に行ったら美容師さんの手さばきをじーーっと見る。何か得るものがないだろうか？　もっとよい方法はないか？　使える技はないか？

レストランでもコンビニでも接客っぷりを見る。

日々目を凝《こ》らしていると、自分の専門に役立つことを〝他業種・他の使用目的〟のものから見つけることができる。

「へぇ～。こういう方法あるんだ～」

と見ていると、いざという時に自分の「役立てるもの、役立てる引き出し」になる。

ご葬家も真剣に見ている分、技術的な甘さを感じるものには強く言いたくなってしまうのかもしれない。

ややムキになって、毛染めとブロウで「してやったり！」くらいに仕上げた。

ご葬家の予想よりも、髪型がキッチリ決まった。

すると親戚のおじさんが助け船で、

「おっ！　おまえより上手いじゃねーか、勉強させてもらえ」

とフォローしてくれた。

ご葬家は最初のエキサイトっぷりとは180度打って変わり、

「スゴイきれい！　綺麗きれい」

と喜びの声。豹変さにちょっと戸惑いも感じたが……。

普段、手を抜くことなどしたことはないが、気持ちとしては「いつもより多めにやっときました～」だ。

すべてのお客様が〝同業〟の方だと神経が参ってしまうが、たまには「見られている！」という緊張感を味わうのも、自己鍛錬になり、いいのかもしれない。


【今日の教訓】「基礎」を身につけると「専門性」が身につく。

「専門性」を突き詰めると「問題点」に気がつく。

「問題点」の改善にあたると「アイデア」がわく。

「アイデア」の根本を探ると「愛」であることに気づく。

●男か女かわからない？——遺影写真活用法

葬儀屋さん「多少黄疸が出ているんだよねー」

私「あ～、体液出ちゃうかもしれないですね～」

ということでオドシ（？）が効いたのか、急遽、黄疸の出ている故人様のお仕事をいただいた。

だが故人様のお顔を見て、「しまった。どうしよーっ」と思った。

たしかに故人様の状態は悪い。

もう、体液漏れ漏れ寸前！ 首もとの点滴痕からジワジワ滲んできている。全身が水泡だらけになるタイプの故人様。それが理由の「しまった」なのだが、それはどうにかなる。

本当の理由は、見た目、男性か女性かわからないから……。

男性か？ 女性か？ 見た目ではわからない故人様がたまにいる。

本来顔つきが、亡くなることで変わることはない。

が、治療の跡により、死後変化として大きく変わることがある。

薬剤点滴の影響で、顔も体もパンパンにふくらみ顔つきが変わる。

抗がん剤の影響で、頭髪・眉毛・ヒゲがない。

黄疸が出ていて、元の顔色がわからない。

この日、担当の葬儀屋さんは、

「じゃ外で待ってるから、終わったら呼んで」

とサッサカ席を外してしまった。

ご葬家に「故人様、男性ですか女性ですか？」とは聞けない。

〝見た目判断不可能〟というだけで、随分失礼な話だ。

普段、湯灌の時は準備・処置時にお部屋は故人様と業務員だけの密室にしていただく。

(処置の時痛々しく感じてはつらいでしょう……という意味で)

この場合はいやおうなく故人様の体を拝見してしまうので間違えようがないのだが、メイク納棺の時は故人様を真っ裸にすることもないので、余計なところをのぞくことなどご家族の前でデキるはずもなく、確認のしようがない。

「アレを見るしかない」と思った。

何年も前になるが、私は一回やらかしたことがある。

最後まで、男性の故人様を女性と思い込んで対応してしまったのだ。

その故人様は状態が悪いわけではなかったが、なんだか不思議なユニセックスな感じ。

50代で色白・ヒゲもない・林家ペー師匠のもっと伸びた髪型・スラッと細い華奢《きゃしゃ》な体……。昭和初期の職業婦人といった感じ……。

「どっち(男女)だろう?」と思いつつ遺影写真を見てみると、写真もあまり変わらずかなり太い黒ブチメガネ。

喪主は30歳すぎくらいの若い女性。

「よし! 故人様は女性だ! たぶん喪主さんは娘!」と勝手に判断し、お化粧をする時に、

「薄化粧のご対応をさせていただきますが、故人様、普段お化粧はよくされておりましたか?」

と聞いたのだが、

「……してませんけど」

というお返事。

もしかして……やっちゃった～？

納棺後、葬儀屋さんに「もしかして……女だと思った？」と聞かれ、否定できない私はエビのように後ずさりしながら萎縮したものだ。

娘さんだと思っていた喪主さんは、20歳年下の中国人妻だった。

せめて私の言った意味を、

「日本人は男でも化粧するのが普通なのアルか？」

と受け止めてくれるよう願った。


思えば、あの時も今日も、葬儀屋さんからいただく〝発注書〟には、性別・名前の記入はなかった。

私の事前の詰めの甘さが巻き起こす、密《ひそ》やかな非常事態。

葬儀屋さんがお部屋に入ってきてくれたが、ご葬家の方もいるので「どっちですか？」と聞けない。

な・の・で！

「ご生前のお写真見せてください」

にした。

以前の失敗例もあり、もう写真を見るしかないと思ったのだ。今は故人様のお名前を尋ねることにしているが、当時はその知恵がなかった。

葬儀屋さんはちょっとメンドくさそうな素振りだったが、でも見せてもらって大正解だった。

故人様、女性の方だった。

今とまったくお姿が違う。

ご生前の健康な時の故人様は、小奇麗にされてて優しそうなお母さんだった。

お顔の皮膚がまだ生傷のところがあり、ファンデーションが上手く乗らない。本来なら特殊メイクで対応になるのだが、請求料金が加算される。

事情はわからないがお父様のいないご葬家らしく、残されたのは兄妹2人。故人様が一家を支え、母親役も父親役も両方やっていたのだ。無理がたたったのかもしれない。通夜も告別式も行わない。2人の兄妹には負担も持てないのかもしれない。

ご家族は「傷のところは絆創膏《ばんそうこう》で隠してもいいです」とのことだったが、できるだけ普通のメイクで隠した。

「メイクで黄疸は消えても、禿げた地肌はどうしようかな～。地肌が滑って黒い粉ものがのらないなあ」

と思っていたら、ご葬家からカツラをつけてほしいと言われ一安心。

カツラは自毛が全然ないとやはり生え際がおかしくなるが、顔と地肌とでまったく肌色が違う状態よりはずっといい。

「お母さん、女性にもどったな～」

と思った。

私としては、性別もわからないくらい容貌の変わってしまった故人様が、メイクとカツラで女性に戻ったのはよかったと思う。

ご親戚の方々も「よかったよかった」と喜んでいただいた。

ただ、実の息子さんお嬢さんがたは、冷静であった。

一生懸命やったけど、無反応。仕方がないと思う。

たぶん、粗相はしていない。今の状態をどんなに上手くメイクしても、同じ反応だったと思う。

お母さんが女性らしく女に戻ったとしても、容貌が元のお母さんに戻ったわけではない。また、お母さんが戻ってくることもないのだから。

【今日の教訓】二度まちがうことを〝過ち〟という。
二度まちがう者を〝愚か者〟という。（格言）

●光と影、正反対のもの

ご葬家に仕事で伺う際には、仕事内容の詳細を持参していく。

詳細……ダンスの衣装を着せてください。お化粧は〝丁寧に〟してください。

久々に〝衣装モノ〟のお仕事だった。

ご葬家は集合住宅で2階、納棺と葬儀はその中の集会所で行う。

担当者の方曰く、

「今日はうるさい葬家だから、特に娘さんが。大変だよ」

そうでしょうね……。

納棺・故人様の身だしなみに深いこだわりのある葬家は、一から十まで、すべてにこだわる。

〝ダンスの衣装に着せ替え〟という要望がある段階で、ある程度の覚悟は必要だと思っていたが、今日の担当者の方はさらにおまけのプレッシャーもかけてくれる。

「メイクさんちょっとー」

と呼ばれて行ってみると、担当者の方が言っていた噂のうるさい（？）娘さん。

「今日担当してくれる○○社のメイクの先生デス！」

（げー。……また言われた）

ご葬家にそんな具合に紹介されるということは、今日の担当者の方は先の先の先を読んでの「安全第一主義者」なのだろう。

例えば納棺が気に入らなかった場合、

「これ外注業者なのでウチ（葬儀社）の責任じゃないんですよー」

という〝逃げ道〟を作ることができるためにだ。

「まぁ～メイクの先生なんですか～」

と感嘆の声を上げられたご葬家に、足取りも重く伺った。

紹介された時に身内らしき50代くらいの男性に、

「化粧しなくてもスッゴイ美人だから」

と言われていた。

60歳過ぎでもうおばあちゃんだが、たしかに50歳くらいにしか見えない。ハデ系で、ご自分の見せ方をよくわかっている美人といった感じ。

元が美しい人だと、残された身内がこだわりを持つのも納得がいく。

選ばれた衣装は社交ダンスで着ていたらしい。上半身がぴったりラインが出て、スカートがフワフワのローズカラーのドレス。

ピッタリすぎるドレスって、たぶん自分で着るときも背中のファスナーはぜーったい自分で閉められないハズだ。

女性ならわかるかもしれないが、ピタピタの服のファスナーを上げるときはすっごい息を止めて、最小のウエストにすると思う。もちろん無呼吸の故人様なのでウエストも縮まることもなく、何回も何回も右に左にゴロンゴロン故人様を転がし、やっとの思いでファスナーをあげると、さっきよりも故人様の顔色が悪い気がする。

ご遺体にとって「動かす行為」は、状態を悪くする可能性があるのだ。

顔色が悪くなったのを、焦ってとりあえずファンデーションだけつけて整えた。

「あーーステキー」

ドレスに着せ替えて、ファンデーションだけつけている。

あとはポイントメイクなのだが、故人様の枕元にあった写真では、口紅の大体の色しかわからない。

ピンクとパープルのアイシャドウをつけ、口紅は故人様ご愛用の〝ヤンキー紫〟。

口紅はたしかにドレスにピッタリのお色だ。

アイシャドウには文句は言われないが、ご葬家いまいちピンと来ない様子。

「お母さんはアートメイクしてるんですけど目尻はピンって跳ね上げるように描いていたんです。これで」

出されたのは、〝スカイブルー〟のアイシャドウとアイライナー。

「そーそーそー。お母さんにもどったぁ～」

ブルーの目元に紫の口紅。

舞台メイクとしては地味なのかもしれないが、私には〝ベルサイユのバラのオスカル〟にしか見えなかった……。

髪型もこだわりがある方だったのでところどころキンキンにメッシュを入れていて、金の部分を額《ひたい》に垂らしサイドはピッタリ撫《な》で付ける……。

おわかりいただけるだろうか?

タカラ塚の男役みたいな髪型。

「さっきもバックバンドのマスターが、お母さんのホッペにチュウチュウキスしてってたんですー」

とご葬家の方がおっしゃるので、

「えっ。お友達がですか？」

と思わず聞いてしまった。

「……そーです。服装は派手だけど性格は地味なのよね～」

「皆さんに好かれていたんですね」

《派手な服装と地味な性格》

たしかにそんな人もいるかもしれないが、ワケがわからなくなってきた。

そして、ご自宅の中は葬儀うんぬん関係なく、故人様の写真や似顔絵がやけにたくさんあったのが印象的ではあった。

ご自宅では納棺のスペースがなく、敷地内の集会場での納棺になった。

2階から故人様を5人がかりで下ろし、結局その移動の際に口紅はすっかり落ちてしまった。

集会場でお化粧直しをして、ご葬家一同で納棺するために待っているのだが、今まで熱心に対応していただいていたお嬢さんも、祭壇や知り合いの返礼品屋さんや生花の件に注意を向けられ、故人様のことを忘れている。

「まずはご納棺すまされてからにされませんか」

と集合してもらった。

ふと気がつくと、故人様のすぐお顔もとに影の薄ーいおじさん。

「……喪主様でいらっしゃいますか？」

「はい、そうです」

（えっ！　旦那さんいたの！）というくらい、喪主様なのに影が薄く、自己主張もなかった。そういえば葬儀全般、何かしら対応しているのは二人のお嬢様とひとりの息子さん。

納棺の時はお布団にお休みの故人様を、布団の両端を持って支えるのだが、通常、喪主様筆頭にはお顔に近いところにいてもらう。

が、ご納棺の時に親戚のおじさんらしき方が喪主様を差し置いて、

「オレが枕元を！」

なんて言うので、「そうはさせるかっ！」と思った。

そのおじさんには、

「こちらよりおなかの辺りを支えてくださーい」

と伝え、影のウスウスな喪主様の立場は守り通した。

なぜか存在感のない喪主であるご主人。

服装は派手で太陽のように明るく人気者のようであるが、性格は地味であったらしい（？）故人様。

お嬢様のいうように性格は地味だったから、おとなしいご主人と一緒にいられたのか？

もしくは〝光と影〟のように正反対の性格だから、お互いの性格のよいところに引かれて一緒にいられたのか？

自分と正反対の人格を「おもしろい」と思えることってスゴイと思う。

私は個人的には、ときに正反対の人を受け入れるのが困難な時もあるからだ。

同種同属の人と一緒にいると、衝突もないが成長も限界がくる。

その点、正反対の人が側にいれば、衝突もあるが発見もある。

と、いうことは喪主様はおとなしい人だが前向きなのか？

お友達も多く活動的な奥様だとはいえ、妻がお友達にチュウチュウキスされても動じないご主人。奥様の今までの交友関係を認めているから、〝納得のチュウ〟なのだろう。

夫婦って元は他人なのに、20年30年と連れ添って、血縁の父母や兄弟姉妹より近い人になる他人。

熟年離婚も普通の最近、長持ちする秘訣《ひけつ》って「相手の意見を真に尊重すること」かもなーと、解釈することとした。


【今日の教訓】人生いろいろ、夫婦もいろいろ。親しい仲にも礼儀あり。

●キング・オブ葬儀

喪主と施主《せしゅ》の違いとは何か？

意味としては「葬儀を主宰する人」ということで同じだが、「施主」は布施《ふせ》する人ということから転じたと言われ、葬儀の金銭面の負担もしていて、運営の責任を負う人。

通常の葬儀の場合、喪主＝施主になることが多いのだが、社葬の場合には喪主が遺族で施主が企業とか、喪主が長男、施主が故人の連れ合い（奥さんなど）ということがある。

一般家庭の場合はその家族構成から、施主が資金を出すというよりは家族の結びつきなどから、考え方はさまざまらしい。

◆パターンその1　暴走する喪主様

おじいちゃんが亡くなって、湯灌にご家族参列。

葬儀の5時間前から、斎場に集合していたという。（通常は近い身内の方で2時間前）

生花の札の順番や、祭壇の向き、遺影写真のあれこれなど、とにかく「ご意見」が多い。

スッゴイ神経質そうなご葬家一家。

(これは要注意なご葬家そうだな)

かなり神経を使って対応することにした。

この時の喪主様はおばあちゃんで、施主様は息子さん。

喪主様は故人様の連れ合いの奥様なので、かなりの高齢。車椅子だが立てるし歩ける。

でも、感情のセーブがもう利かない。

結構ご葬家が泣けるようなよい雰囲気の場面でも、

「オジイチャ〜ン。ど〜して先に逝っちゃうのよぉぉ」

「オジイチャ〜ン。死んじゃうなんてずるいよぉぉぉ」

などなど、大声で素直に思ったことを話し出す。

おばあちゃんは故人様の奥様であり喪主であり、認知症なのだ。

ご葬家も「あぁぁあ。すいませ〜ん」とお困りの顔をされていた。

ご葬家皆さんは悲しいけれど、湯灌・納棺式の余韻に浸るまもなく、おばあちゃんの暴走はセーブもしなければいけない。

喪主様であるおばあちゃんは認知症とはいえども奥様なので、気持ちとしては立ててあげたい。

ご家族の雰囲気と故人様への納棺の品（仕事で使用していたらしい難しい学術書）から見ておそらく、すごくキチンとしたハイソっぽいご葬家。

喪主のおばあちゃんも、以前は全然違う人格だったのだろう。

（ご葬家が間違いがないようにピリピリするのもわかるな〜）

と納得した。

おばあちゃんの〝悲しみの大声コメント〟で進行は時々中断されたが、無理に進めることもなく、滞りはありすぎたが無事に終了。

慎重に対応したため、ご葬家はとても喜んでくれ、わざわざ郵送で寸志までいただいてしまった。

ちなみに、一緒に対応した年配の同僚に言わせると、「認知症でもあれはまだ、軽いほうよ」とのこと。

真面目な方は認知症になりやすいとも聞くし、もしかして「自由な心」になれた人。なのかな？　なんて……。

名目上の喪主様を設けるのも、いろいろ事情があるようだ。

◆パターンその2　グレート施主様

こんなに完璧で立派な施主様に、私は初めてお会いした気がする。

担当者から、

「施主の奥さんが故人様の処置もメイクもやっちゃって、すごいキレイなんだよね。自宅死亡で脱糞してたのも、自分で洗っちゃってさ～」

「看護師さんだったのかな？　でも素人のやることだから……」

なーんて高をくくったことを素直に謝れるほど、本当に完璧であった。

まず、含み綿はキッチリ見えないように、鼻と口に入っていて口元もきれいな形に出るように整えてある。

薄化粧もすませてある。

故人様は寝たきりで自宅介護されていたようだが、床ずれはもちろん白癬《はくせん》症（爪水虫）

もないし、肌もツルツルであった。

介護のケアも、すべて施主である奥様がされていたのだ。

室内をよく見ると完璧な介護環境。

自宅なのにかなり大ぶりの介護浴槽。フルリクライニング車椅子。介護ベッドから移動するための移動式リフトと電動吊り具。

故人様は生前より片足を抱えたような形で不自由な体。何をするにも困難な姿勢なのに肌はツルツル。本当に隅々までケアが行き届いていた証《あかし》だと思う。

お尻は湯灌前に詰め物と前張りが必要なので、テープを張らせていただいた。

その際も「手伝っていいですか？」とあまり見せたくないのだが寄ってくる。

湯灌の際も「洗ってもいいですか？」と前張りの部分も臆せず、当たり前のように素手で洗う。

髭剃りは施主様そっくりの孫娘さんに施主様が指導しながら剃らせ、かつご自分で剃っている時も、「すごい切れ味イイ、この剃刀」とやりなれている人だからこそわかるようなことをポツリと言う。

だからといって、けっしてでしゃばりというわけではナイのだ。

喪主様の息子さんのほうが要領を得ない質問をしても、施主様がさりげなく聞き返し、ある事項に関しては葬儀屋さんに質問したりもする。

ご自身の立場をわきまえたうえで、そつなく行動し控えめで謙虚で強い信念のもとに行動している施主様。

「日本人のよい点」をすべて凝縮したような施主様。

施主様のような方がいるから、そちらのご葬家の規律と家系が守られている。

私は施主様である奥様を女性としても人としても、心より尊敬の念を抱いた。

施主様にそっくりな孫娘さんも、しっかり施主様に生き方を伝授されれば、とてもすばらしい人になるだろう。

「彼女はここのお家に生まれてすごくラッキーだったな」

と将来への願いを込めて見ていた。

◆パターンその3　お膳立て喪主様

ご葬家に仕事で伺う際に、仕事内容の詳細を持参していく。そこには次のように記入されていた。

詳細・腹水（体液）が出ている。口元が黒くなってきた。ご葬家は「神が出てきた」と言っている。


「神」の話は意味不明すぎる。

新興宗教を信仰しているのか？

凡人の私には理解しにくい発想である。

「神様が出てきているなら、あえて腹水は鼻や口から垂れ流し（出っ放し）のほうがいいんでしょうか？」

一応、葬儀担当者に聞いてみた。

「う〜ん、そうらしいけどフツーにやっていいから」

そう促されご葬家に一歩入り、ハッと目に付いたのは見たことのないハデな御札が3枚。

〝魔よけ〟か〝福を呼ぶ〟ようにか、目に付くところに貼られてあった。

御札から「神様来場」発言も何か納得した。

故人様はおそらく50~100万くらいするであろう（葬儀屋さんによって同じモノでも売価が違うから……）〝超高級棺〟にすでに納棺されていた。

すごく重い蓋で、指でも挟めば必ず血豆ができるような頑丈な棺。

どうやら、お金持ちのご葬家らしい。

2人がかりで蓋を開け、故人様とご対面。が、

「んっ？」

〝神様〟が出ていない。

くすみ始めた〝黄疸〟と、米粒大ほどの〝カサブタ〟だけ。

あとは見たことのない光沢の差し歯が1本、飛び出ている。

「お金持ちらしいから差し歯も特別製か？」

もっとよーく見ると、差し歯じゃなくて真珠だった。

故人様、真珠を1粒くわえていた。

処置するために真珠を一度はずし担当者に、腹水も出ていないことやカテーテル痕によるカサブタなのでメイクで消せることも伝え、死因は何か聞いてみた。

葬儀屋さん、「興味ない」からわからないそうだ。

おそらく肝臓は絡んでいると思うが、肝炎で腹水（神様）が出てたらご葬家の衛生的観点からもヤバイのだが……。

そこへ奥様（喪主様）と息子さん（？）や何名かのご親族がやって来た。

「あぁ～、あなた～」とヨレヨレの奥様。

精神的ダメージがかなり強いらしく、葬儀の打ち合わせなどできる心情じゃないらしい。

生前の故人様の写真があり、息子さん（？）と2人で写っていた。

故人様のほうが男前で血色もよく、昔の俳優さんみたいにキリッとしたお顔。

「男前だからご主人のこと大好きだったのかな？　じゃあ、遺影に近づけて〝キリッと生き生き〟ね」と、メイクの方針を決めた。

メイク中には写真に写っていた息子さんがなんだか張り切って（？）、葬儀屋さんと打ち合わせ。

「〇〇武道館に行って△△会館に行き～」

大きな会社経営者の方など、たまになじみの場所を巡って、斎場入りや出棺したりする葬儀もある。

「こちらのおたく、会社経営か何かされてたんですか？」

と聞くと、

「いやー、なんでも世界中にお弟子さんのいる○○の格闘家の先生らしいよ」

コレを聞いて、初めていろんなことに納得した。

神様発言も真珠についても、すごく合点がいった。

主観的なことを言うと、世界的に大きな仕事や成功者は、余裕と同時に追い立てられる恐怖も感じるのだと思う。

慈善事業や社会貢献、神がかり的なことでも、貢献しているということでなにか人生の陰陽のバランスを保とうとするハリウッドスターもよくいる。

こちらのご葬家はいわば「社葬」。

先ほどの息子さんは、格闘家の〝若きリーダー〟らしい。

奥様（喪主）が頼りなくても、格闘家団体いわば会社（施主）が葬儀の段取りをすべて代行し打ち合わせしてくれる。

奥様は純粋に悲しんでいるだけでも、許されてしまうこともある。

あまりにも立派な人になりすぎると、奥様だけの故人様ではなくなる。

故人様は「ご主人・会社・世間」としての顔もある。
皆の故人様として、葬儀を行わなければならない。
最後まで社会的役割を果たさなければならない。

メイクが終わりご葬家を呼ぶ。
奥様もご葬家も、「あらー寝てるみたい」「つやつやしてる」「元に戻ったみたいー」
と先ほどとは違う涙をこぼされた。
奥様も「イイ男になったわー」と急にシャッキリされご機嫌になった。
「神様」である黄疸のお顔よりも、元の男前の故人様のほうが奥様は好きらしい。
メイクが終わりそそくさと一人退出したところ、続いて若きリーダーも出てきた。
私のような仕事が珍しいのか質問攻め。
「何年やってるの？」
「どんなんでも平気なの？」
「殺人や事故もするの？」などなど。
曖昧《あいまい》に返答しているところへ、彼よりもっとエライっぽい男性が、

「なーにナンパしてるんだ!?」

2人は笑いながら、どこかへお出かけしていった。施主である息子さんと団体側はしっかりしなければならない。だから張り切っているんだろう。

だが体育会系の人の結びつきって〝硬い〟ものがあるから、今は強気でもどこかでこっそり泣いちゃったりしてるのかもしれない。

今日の故人様のように、みなさんが「故人様大好き!」と熱い絆《きずな》で結ばれた社葬なら一致団結!

世界制覇級の素晴らしいお別れができるかもしれない。

ちなみに〝真珠〟は出棺の前に、ご葬家でくわえさせたそうだ。

【今日の教訓】役割に徹しよう。トップは寛大であれ。サブは利口であれ。

●大好きな人だから、変わらぬイメージでいてほしい――遺族のバトル

詳細：元デザイナー。お化粧は生前の写真に近づけてください。

故人様が華やかな職業だった場合、ご遺族が故人のメイクにこだわることが多い。「美」と「創造」にたずさわってきた誇りとプライドは、ご葬家にも伝わるのだろう。でも、ご意見を述べるのはご本人じゃなくて、ご家族。それが一人じゃなくて複数の場合は……。

故人様はすでに納棺済みで、ご葬家の立ち会いもないとのこと。眉と目元はすでにメイクしてあり、どちらかというと入れ歯の入っていないショボッとした口元を整えるのがメインでご依頼いただいた様子だ。

入れ歯を入れて、含み綿で頬を整えたが、病気で頬がこけすぎてしまっていて頬骨中央下は綿だけでは膨らまず、饅頭に爪を立てたかのように凹んだ線が入る。

担当者と相談し〝頬の肉〟自体をシリコン注射で膨らませ、極力遺影写真に近づける膨らみを作った。

美に関する仕事をしていた人は、ご本人自体もオシャレで綺麗な人が多い。

病気で激瘦せ、カツラになってしまったがその凹みを戻し、〝肌にハリ〟が出ると実年齢よりも10歳以上は若く見える。

〝気持ちの張り〟がある人は、老ける暇もないのかもしれない。

今回は病院で看護師の方が「眉・アイシャドウ・マスカラ」のメイクを施したようだ。

アイシャドウまで病院で入れているのはすごく珍しく、

「これは看護師さん、四苦八苦したんじゃなかろうか？」

と予想しながら色を付け足しているところへご葬家登場。

お嬢さんとおばさん（故人様の姉妹らしい）に当たる方である。

先におばさんに当たる方が私の手元をジーと見ているので、

「今お化粧してます。お口紅の色選んでいただけますか？」

と尋ねた。

「じゃ○○ちゃん（お嬢さん）に見てもらうわ」

と、おばさんはその場を離れた。

お嬢さんは写真と見比べ、二色を混ぜてつけるよう希望されて、またどこかへ……。

そちらをつけ終わると、再びおばさん登場。

「アラッ！　なんか濃すぎるわ！　目がブルーで口が赤いとなんか下品っていうか」

「……。お嬢様に選んでいただいたのですが……（たしかに妖怪人間ベラ的）」

「……」

「もう一度見ていただきますか？」

とお嬢さんを呼ぶ。

「この色どう？」

「ん。いいんじゃない、明るくて」

「え〜。もっと落ち着いた色のほうがよくない？　なんか品がないわ」

「じゃぁ一回ティッシュでおさえてみれば？」

お二人の空気に微妙に緊張感が漂い始め、シーンとした中、そそくさと口紅をおさえてみた。

「ほら！　よくなったじゃない」

「うーーん」

おばさんご本人が付けている口紅を見ると、すごーく地味な色の口紅。

葬儀だから当たり前なのだが……。

「奥様のようなベージュの口紅を重ねて付けてみますか？」

折中案のつもりでやってみたのだが……。

……。

対応してみてナンだが……たいして変わらない。

斎場は薄暗く、口紅も三色重ねてつけて、ティッシュオフして。変じゃないけどよーく見ないと大差なし。

「っ。いかがですか？」

「……まぁいいんじゃないかしら」と、おふたり。

私としては一応納得してもらったが、滝の汗であった。

ご葬家、身内同士の折り合いの合う合わないは、どうすることもできない。

立場が違えば、印象は大きく違う。

お嬢さんは「お母さんはデザイナーで華やかな人」
おばさんは「姉（or妹）はデザイナーで誇り高き品のある人」
となるのかもしれない。
お嬢さん「青いアイシャドウしてるとお母さんらしくってい〜わぁ」
おばさん「……」
納棺の飾りを見て、何か気に入っていただけたらしく、
おばさん「そうそう、品の良い感じにしてね」
お嬢さん「……」

その場でお二人の意見が初めて合致したのは、具体的にはいえないが、〝戒名《かいみょう》〟だった。

デザイナーだけに、戒名の文字の中に「布」「縫」「針」等の、洋服を連想させる文字の言葉が組み込まれていた。

「あら〜、これ、デザイナーっていう意味かしらね〜。いいじゃない〜」

もちろんご葬家の希望もあったのだろうが、イメージどおりドンピシャな戒名で、ご葬

家も喜んでいるし、聞いていて私も、「さすが！　やったね、お坊さん」と思った。

私自身、子供の頃からメイクの仕事がしたくて、一応夢が叶《かな》って今の仕事にたずさわっている。


戒名に興味はなかったが、もし私が死んでしまったら……。今の私を一番象徴し、身近な人も私らしいと思ってくれるのは、「化粧」ということ。

だから、戒名に「〜化粧〜」とつけてもらうのは、嬉しいかもしれない。

お嬢様もおばさんも「故人様らしさ」を純粋に求めているだけだが、見る人の意見がそれぞれ違っても、それはどちらもまさしくその人。表と裏の顔を使い分けていても、それは両方その人。人にはいろんな顔があるのが、当たり前だ。

「強がっているけど、本当は寂しがり屋さん」ではなく、「強くて寂しがり屋」が正しいのかもしれない。

大切な大好きな故人様だからこそ、変わらぬ自分のイメージでいて欲しい。それゆえのバトルも起きるものだ。「死人に口なし」、死んでからでは本人の希望は伝えることはできないのだ。

【今日の教訓】伝えられるうちに、
伝えるべきことを
伝えておこう。

女納棺師に質問！　その2

●長生きと短命の人で違いはありますか？（匿名さん）

なんとなくですが、短命の方は、病気の場合が多いためか「病み疲れ」状態の方が多く激しい闘病の様子がうかがわれます。長命の方は比較的に穏やかな表情の方が多いですね。全ての方ではないですが、人生には「太く短く」か「細く長く」はあるのだと感じられます。

●処置できなかったこともありましたか？（moon さん）

顔が白骨化した故人様。不思議なことに、みごとに顔だけ頭蓋骨で、体はしっかりありました。

私はやる気満々だったのですが、作業時間と料金に見合った技術が提供不可と判断されお断りしました。あれは〝科捜研……〟か〝法医学教室の事件ファイル〟を持つ女とかじゃないとできないですね。

●宗教や占いを信じますか？（Ｙ・Ｋさん）

ほとんど信じません。倫理的に正しいかどうかという、自分の心の声なら信じます。それを「自分の中の神様」だと思っています。皆さんの中にもいると思います。

ただ、仕事がら多少宗教書は読みますし、なんとなく輪廻転生のようなものはあるような気がします。よく、誰かが亡くなったあとに生まれた子を「〇〇の生まれ変わりだ」なんて言いますが、ならば子供はつい最近まであの世で暮らしていたご先祖様だ、とも言えます。

お亡くなりになったご先祖様を敬い供養するのも大切ですが、子供としっかり向き合うことも、最大の先祖供養なのではないかと……。No more 児童虐待ですね。

●正直なところ「オェー」ってくることはありませんでしたか？（とみやん33さん）

唯一あったのが、室内清掃の仕事に行った時、床にこびりついた故人様の腐敗した血痕にニスを吹きかけて「固めて消臭」した時です。部屋の汚染度も入りまざった臭いも、この世のものではありませんでした。

●死んだら人は縮むんですか？　棺と爺ちゃんのサイズがだいぶ違いましたので。（さなえさん）

基本、縮みません。逆に伸びます。まっすぐに寝ている状態だと、足先も伸びますし体の緊張も取れてすこし背丈が伸びるようです。ですが亡くなると乾燥しており肌の皮膚は縮む方はいます。大きめのお棺かお痩せになって華奢に見えたのかもしれません。

●納棺師になってから日常の習慣に何か変化はありましたか？（COさん）

以前より本を読むようになりました。読書はいろいろな人の意見を伺うようなものですから、私の場合、知識を増やすためというより、人を理解するために読んでいます。もともと我が強く、独りよがりになりがちな私ですから、読書はバランスをとるうえでも大切な習慣だと感じています。特に加藤諦三さん、中谷彰宏さん、斎藤一人さん、野口嘉則さんなどの本が好きです。

三章　女納棺師の日常生活

●スーパー銭湯で涙が出てきた理由

たまには、とスーパー銭湯に行ってきた。

私、お風呂はもっぱらシャワーで、お湯につかる時間的・精神的余裕はない。なんだか疲れていたので内容もよくわからないまま、スーパー銭湯の浴室で、マッパでできる〝洗体マッサージ〟を受けることにした。

そこで出てきたのは韓国オバサン。日本語もたどたどしい、本場のアジア系の方ってわりとぶっきらぼうだなあと、以前から感じてはいた。第一印象は悪いというか。

でも、彼女の何気ない一言でその印象がひっくり返った。

私の背中をマッサージしながら、

「コッテルネー」

それだけなのに……泣きそうになった。

ものすごいゴリゴリの肩や、常にある倦怠《けんたい》感も、「忙しいからこんなモンでしょ」にしていた。

　ホントはすごく疲れていた。私は無理してたな〜と。

　韓国おばちゃんに癒《いや》され、元気になった私がその日担当した故人様は、ガリガリに痩せたおじいちゃん。しかも2ヵ月前に、その家のおばあちゃんの葬儀を同じ葬儀屋さんが担当した。つまりリピーターである。

　前回のおばあちゃんは別の者がメイクを対応しているので、前回と同等、もしくはそれ以上の対応をしなければいけない。

　おっかなびっくり〝賭《か》け〟に出た。

　おじいちゃんのご遺族に、

「特殊メイクで凹んだ目元を自然にふっくらお整えすることもできますけど、どうされますか？」

　オプションなので、追加料金もいただくことになる。

　葬儀屋さんというのは、確実な方法しか取らない。

　ひとつのちょっとしたクレームから葬儀料金未回収という大惨事になることもあるし、

葬儀社自身の信用にも関わる。

技術的には自信があっても、信用問題として「君ぃ～。ホントに大丈夫なの～」てとこだろう。

だが特殊メイクは施工することになり、結果は……、

大絶賛であった。

「おじいちゃん、元に戻ったみたい。寝てるみたい」

よかったよかったとご納得いただき、「賭け成功！」であった。

ご葬家は、痩せすぎて落ち窪み、見開いた目と、頬骨がエクボのように痩せこけた頬、そんなおじいちゃんの顔を、本当は見るのが辛《つら》かった、やっと安心できましたと泣かれていた。

綿だけでも見開いた目を閉じることはできるし、頬もふっくらさせることはできるが、特殊メイクで施工したほうが確実にナチュラル。ガリガリの故人様は綿だけの場合、私の印象としてその形状は〝生まれたてのヒヨコの目（開眼前）〟といった感じになる。

あらゆる職業に通じると思うが、経験値を積むと自ずと結果が見えてくるものである。

イマイチの結果とベストな結果がわかっているのに、ベストな結果になるためのサービ

スの提供を、料金の兼ね合いや葬儀屋さんの顔色を見て、推奨するのをためらうのは怠慢であると気がついた。

スーパー銭湯の韓国オバサンは、ただ「コッテルネー」と感想を述べただけなのか、マッサージ店で言われたがりの客に対するリップサービスの一環なのかはわからないが、私は素直に嬉《うれ》しかった。それは自分の（気がつかない）気持ちを、かわりに口にしてくれたからであろう。

最近の居酒屋で「よろこんでー」とか「おかえりなさいませー」といったマニュアル化された感謝や慰労の言葉のサービスをしているが、決め事にされた時点で嬉《うれ》しさが半減してしまう。

決められたサービスはもちろん提供するが、それ以上にお客が欲しいものを悟り、提供することが付加価値であり、サービス業だと私は信じたい。

【今日の教訓】サービスの基礎は「察しと思いやり」である。

●殉職する肉と野菜——納棺業務の練習方法

葬祭ディレクター技能審査というものがある。

1996年から開始されたその技能審査で、葬儀屋さんは「葬祭ディレクター○○級」という資格を取ることができる。試験内容は筆記（宗教葬儀知識）・実技（司会・斎場の飾り付け）などがあり、葬儀屋さんへの信頼と、葬祭業の社会的地位向上のために始まったものである。

全国の葬儀社の方を対象に年に1回開催されるこの試験は、開始以降すっかり定着し、毎年各地の〝大きな会場で一斉に実技試験〟を行う。

私たち湯灌・納棺業者は、葬儀屋さんとは切っても切れない関係にあり、私たちも社会的に公認され質実共に向上するべきだとは思う。が、実際は不可能であろう。

大きな会場に何百体もの故人様を並べ、遺体処置の実技試験ができるか？

資格も試験もない湯灌・納棺業者の我々がご遺体への処置などを行うのは、考えてみればおかしな話であるが、黙認されている危うい立場だからこそ、的確かつ慎重になる。

とはいえ、ご遺体の処置は、現場で憶えていくしかない。個体差があるため毎回同じとは言えないが、失敗は許されないので、実力はつく。

メイクの場合はどうか？　今はＴＶでも本でも、さまざまなメーキャップアーティストの多様多種なメイクのしかたを真似ることもできるが、ご遺体用の特殊メイクはどんな媒体を探しても参考になるものはないので、独自の練習法を考えなければいけない。

故人様のお顔をふっくらとふくらみを持たせるためのシリコンの練習台は、豚の耳。ミミガーになるあのお肉である。豚の耳は他のお肉に比べ、ヒトの皮膚感に一番近いと言われており、ディスカウント系肉屋さんなどで10個以上入っているのに、低価格である。

皮膚と肉の間に注射針を差しシリコン液の入れ具合、感触、ふくらみ方など感覚をつかむための、いい練習になる。

他にも、事故体の切れたお顔の縫合の練習やワックスでの傷の修復の練習にも、他のモノよりも皮膚感があることや生ものであるという緊張感があり、現時点では最適な練習台であろう。沖縄の方、ゴメンなさい。粗末にはしてませんので……。

顔色の変色した方への練習には、色味的には野菜・くだものを使う。

私のお気に入りはトマト。他にはキュウリ、スイカ、バナナ、みかん、なすび……などなど。

故人様はいろんな色に変わる。黄色、ピンク、赤、紫色、緑、黒……と、その方の病状によりけりだが、天然でその色味を持つというと野菜になる。

実際、ヒトは表面の皮を一枚めくると肌色をしている場合もあるのだが、皮をむくとズルズルの皮膚が出てきてファンデーションは付かない。表面だけの問題なのだが、その色を元に戻すのがなかなか難しいのだ。その点、野菜やくだものは色素そのものが緑や黄色なので、それらを肌色にするほうがもっと難しい。

したがって、野菜をさまざまな色調のファンデーションを用いて肌色にすることができれば、ヒトの変色メイクへの対応は容易である。

農家の皆さん、ゴメンなさい。食べないけど、世の役には立ってますので……。

技術開発的には、さほど進歩はないのが現実。

他社との差別化を図りたい上司からは、「もっともっと!」と技術向上を要求される。

だがバツグンによい新しいものを導入したくても、社内で変化を嫌い、受け入れてもらえない場合もある。もちろん、ひらめきで始めたもので「我ながらこれはイマイチでした～」という場合もあるが……。

日進月歩ではあるが、〝犠牲〟になってくれている肉や野菜たちの殉職を無駄にしないよう向上したいものである。

【今日の教訓】努力に勝《まさ》る天才なし。常に工夫を意識しよう。

●死が二人を分かつまで——「後追い死」という問題

葬儀屋さんの車の中に〝ペット葬なら○○○葬祭〟というチラシを見かけた。

「あらっ？　ペット葬始めるんですか？」

「いや～、実は前からやってたんだよ」

って、長年のお付き合いだが、ものすごい初耳。

「でも、先日うちの犬続けて2匹死んじゃったんだけど、ペット専門業者に任せちゃった。ハハハ」

1匹は病気で死んでしまい、その1週間後にもう1匹が老衰で死んでしまったそうだ。ともに15年、兄弟のように一緒だったワンコたち。

「2匹ほぼ同時なんて、仲よかったんですね」

「う～ん、あとを追うようにだったから、ビックリしたよ。でも、一緒に納骨したし寂しくないよ。きっと」

動物がこのような形で亡くなるのは、悲しいけれど何か不思議な縁を感じる。

動物だから「仲がよかったんだね」ですまされる事柄なのかもしれないが、よく考えると〝後追い〟的なお仕事は結構ある。

冠婚葬祭の互助会を持つ会社は婚礼・葬儀をとり行うが、昨今、婚礼はパーティーウエディングなどのイベント系ウエディングも行える専門業者に流れつつあり、収益の多くは葬儀に傾いていると聞く。

とは言え、そうバタバタと一つの家族で葬儀が続くとたまらない。

ある会員さんご一家でも、葬儀が立て続けに行われた。

でも「前回おじいちゃんだったから今回おばあちゃん」というのはよくある話。リピーターさんと言われる。

私の経験上、おばあちゃんが逝ったらおじいちゃんが続くというケースが多い気がする。

年代も近い夫婦だから当然なのだが、それでも、

「あれ？　今日のご葬家見たことある！」「故人様、あのときのおじいちゃん？」

と思うと、やはりビックリはするものだ。

おばあちゃんが自殺されたご葬家。

ちゃんと頼る息子夫婦がいるのに、おばあちゃん、首吊り自殺をしてしまった。

考えられる原因は、病気がちで半痴呆症のおじいちゃんの身を案じて……。

湯灌で伺って、ほぼ寝たきりのおじいちゃんもパジャマのまま立ち会うことになった。

「うおぉぉう、うおぉぉぉう」

声にならない声で、おじいちゃんは泣いていた。

お嫁さんは、

「じゃぁ、おじいちゃん、疲れちゃうからもう横になろう」

と寝室へ連れて行ってしまったが、半分はおばあちゃんが亡くなったこともわかるだけに、きっと胸が張り裂ける思いだったんだろうと感じた。

おじいちゃん！　じゃあ張り切っておばあちゃん洗っとくよ！――

決して前途の明るくないかもしれないおじいちゃんのためにも、ここはいつもよりガッチリと……と思い仕事すると、ふだんよりも心なしか故人様が美しくなる気がするものだ。息子さんご夫婦も、不幸中ながら喜んでいただけた。

……そして2ヵ月後。

「あの時来てくれた方に！」と先のご葬家より直々にご指名をいただいた。

あの時のおじいちゃんの湯灌で。

ご指名いただいたのは、すごく名誉なことだ。

でも、

「あぁ、おじいちゃん逝っちゃったのね……」

しんみりしてしまうものだ。


26歳の飛び降り自殺の女性がいた。

葬儀社Aさんのリピーターご葬家で、前回はお父様の葬儀を半年前に行ったそうだ。

お父様の死が彼女の心にどう響いていたのかわからないが、彼女は鬱病だったようだ。

葬儀屋さんにしてみれば、ご葬家の担当者になるとそのご一家の内情というものも、多少ではあるがおのずと垣間見ることもある。

いつもエロイ冗談ばっかり言っているAさんなのに落胆されているのを見て、Aさんが気の毒に思えてきた。彼自身がひとつのご葬家を、あまり間もあけずに担当するのは正直複雑だろうな……とも。

お母様は半狂乱でとてもその場にいられず、立ち会いなしの処置メイク納棺になった。柔らかいところに落ちたので、大きな外傷はまったくなく、髪と体が泥と葉っぱだらけ。

本当は会社に報告したら「湯灌料金追加」になるのだが、こっそり簡易シャンプーをすることにした。

通常業務より時間がかかったので、会社には、

「いや～結構大きくて着せ替えが～」

と、テキトーに言い訳しておいた。

かなりエコヒイキになるかもしれないが、

「自己満足も仕事の特権か～。それに女の子ですもんねー」

と、私と故人様の秘密にしておいた。

喪主様が次の日に亡くなったこともあった。

1日め……故人様である奥様のメイク納棺で伺った。奥様が急に亡くなったこともあ

り、静かだが〝動揺〟している感じをうけた。

まだ、奥様が亡くなったことと葬儀への心構えのようなものが皆さま固まっていないような……。納棺時に「お棺に何か入れたいものはありますか？」と聞いても、

「着物を入れたいのですが、まだどれにするか決まってなくて……」

というのが喪主様のお返事。

「では、通夜当日でもまだお入れすることできますから、皆さまでご相談くださいね」

と、その日はおいとました。

2日め……翌日は私は公休日で、昼まで寝てたら会社から電話が来た。

「昨日、行ってもらった○○家！　喪主さんが亡くなったんだって！　今から出勤できる？」

「エッ」

昨日普通にお話してた人だから、なんだか親戚のおじさんが死んでしまったみたいで、すごくビックリした。

夜中に。脳梗塞だったそうだ。

たしかに喪主様、心ここにあらずという雰囲気は受けたが……。結局、出勤しているメ

ンバーで対応できることになり、私は伺わなかった。

昨日した業務とまったく同じことを、また空々しく行うのも変なものだが、それよりも、ご葬家の心情を考えたらその衝撃は計り知れぬものだと思う。

もともと、奥様の葬儀は1日あけて次の日に行う予定になっていた。

3日めにご夫婦それぞれに納棺された、いわば〝夫婦合同葬儀〟をそちらの葬儀社でとり行われたそうだ。


ご納棺の品で、〝身代わり人形〟というのを聞く。

故人様が寂しがって誰か連れて行かないように、身代わりの人形を入れるのだとか。

家族の写真は入れちゃいけない、連れて行かれるとか。

〝友引〟も語呂合わせの根拠のない因習のようにも感じる。

私はこんな仕事をしているが、まったくの無宗教なので、自分に都合のよい因習しか信じていない。

自分がもし、長期の海外出張などに行くサラリーマンだったら、家族の写真は当然持って行きたい。

「みんな元気にやってるかな？」って、写真見て思い出したい。

それとなにか違いがあるのだろうか？

故人様が自分だけ亡くなって、「みんな生きてて、ずるぅ〜い」とか言って、誰か道づれにするのだろうか？　逆に「自分は今日死んでしまったけど、家族のみんなにはもっと長生きして楽しく生きてもらいたい」って願うものじゃないかな？

もし出会いも〝決められたもの〟なら、お別れも〝決められたもの〟かもしれない、とも感じる。

不思議な話も、不条理な話も、ひどく悲惨な話も、世の中にはごまんとある。

でも残念だが、どうすることもできないことがあるのも事実。

悲しみも苦しみも、受け止める側は2倍3倍になってしまうが、せめて去ってしまった人たちが安心して、こちらを見守れるように送り出すしかないのだろうと思う。

生きてても死んでても、お互い共通する思いは、愛する人が幸せでいてくれることに違いないから。


【今日の教訓】悲しい時こそ、気は強く。

●お正月の仕事事情

全国の皆様は、お正月休みをいかがお過ごしでしょうか?

私は12月31日までお仕事。元日は自宅待機。2日に初出勤予定で～す!

と、なんとなくむなしさと皆様への軽いジェラシーをかもしだしつつ、今年も年が明けるのでした。


基本的には、葬祭業は年中無休。

人の死などいつ何時おこるかわからないもの。例えば大晦日にものすごい亡くなり方をした方がいるのに、「元日はお休みなので行けません」なんてことは葬儀屋さんは言わない。

葬儀屋さんは誰かしら毎日交代で当直しており、会社で年明けを迎える。

だが、〝暦〟の名のもとにお休みできる部門の方もある……火葬場である。

こちらの地域では、「友引」の日は火葬場での火葬は絶対休み。

皆さんも聞かれたことがあると思うが、友引は「友をひく」といういわれから葬儀（告別式）はない。（カンケーないね！　ってやる地域もあるらしいが……）

それから、おめでたい日、したがって元日も葬儀は行われない。

以前は〝おめでたい〟がらみで年間通して祝日もお休みにしていたところ、世間の皆様から大ブーイングで、祝日の火葬場休館は取りやめられたとか……。

よって火葬場事情で、元日はお休みできる可能性は大！

しかし、年明けの火葬場の予約が一杯で取れず「年末に亡くなられても予約待ち」で〝年越し〟してしまう故人様もたくさんいらっしゃるが……。

私たち納棺業者は「火葬されるまで何日あるか」を計算し、キレイな姿を保てるよう、ご処置とお化粧するよう、心がけている。

年末年始ならではの死因もある。

・餅でのどを詰まらせる～お年寄り要注意。
・飛び降り自殺～年を越す前に飛び降りてしまう……など。

そしてお正月だからというわけではないが、この季節ならではの〝旬の死因〟として

は、

・お風呂で死亡。

温暖差による心筋梗塞が起こりやすい。

「うっ」となって、最悪は浴槽で亡くなってしまうことが冬は多い。やはりお年寄りの方が多いのだが、中高年の方でもアルコールが入った状態でお風呂に行き、倒れてしまうことも結構ある。

そしてもっとも恐しいのが、倒れたことを家族に気付かれずに、追い炊きできるお風呂につかっていた場合……一晩中茹でられてしまい、大変なお姿に……。

ほんとに皆さん、要注意です！　オトソ飲むのもある意味命がけでお願いします。

だってスゴイことになってるんですって！　肉を茹でるんですから……。

皆さん自身も、ご家族についても、気をつけてくださいね。

【今日の教訓】「信心より用心」（ことわざ）

●「最後にひと目……」おばあちゃんが行きたかった場所

人間、熟成してくると「健康で長生き」がテーマになり、生きること自体が目標となるように感じる。

10代の女子高生で「長生きしたぁ～いしィ～」と公言している子はあまり見かけないし、健康よりもダイエットで美容重視だ。

だが、ダイエットや美容を突き詰めると、結局その目的に到達するには「健康」であることが基本的な条件だったりする。

10代、20代、30代……と人生経験を積んできて、〝ハタッ!〟と気付く。

心身ともに健康で、長く生き生きであることが、一番幸せであるということに。

「すごく美人なおばあちゃんだなぁ～」とひと目見て思った。

骨格美人。亡くなっているので目は開けていないが、目鼻立ちが実に綺麗に整っていてとても70代には見えない。せいぜい60代半ば。

お化粧したらもっと美しくなるだろうというのが、楽に想像できる。

ご葬家はその地域の町会長さんをされていて、わりと大きな旧家。

お家柄がよいところへ、良家に生まれた故人様が嫁がれたのかもしれないな〜と想像した。

お着せ替えは、光沢のあるペパーミントグリーンの色鮮やかな訪問着。

わりと若い感じのするお着物だが、着物は年代問わず着てみると意外にマッチしてしまう魅力があるものだ。

さて着せ替えしようと、お体を持ち上げた時「んっ!?」と思ったのは、細身なのにすごく重いということ。

高齢のおばあちゃんで、このような細身の体型の方なのに?

背中も曲がっていないし、硬直が強い。70代の女性で、硬直が強いこと自体が珍しいのだ。

人が亡くなって硬直が始まるのは死後3〜4時間。

もっとも硬くなるのは死後20〜30時間。

それ以降は緩解といい、硬直が徐々にぬけてくる。

前日の夜8時に亡くなり、翌日の昼1時にお邪魔したので、死後約17時間。

最大硬直寸前だから納得はできる。

だが、大まかな目安はあれど、この年代の女性はたいてい難なく硬直は解ける。

硬直がすごく強く出る人というのは「筋肉質な人」である。筋肉質だと体重も重い。

運動をされていた人や、若い男性などはたしかにすごく硬くなる。

と、いうことは「筋肉質なおばあちゃん」になるのだろうか？

お着せ替えをし、お化粧をしてご家族の女性の方にお口紅をつけてもらった。

最後、カツラを2つご用意いただいていた。お洒落な方だったらしい。

かつらの一つをつけたら、本当に60代！

お着物もすごく似合っていて、とても品のある美人なおばあちゃんになった。

「おばあちゃんキレイぃ～」

と、年頃の男の子のお孫さんまでも泣かれていた。

ご近所の故人様のお友達も入れ替わりやってきて、故人様の手を握り泣かれていた。

皆さんすごく正直に悲しみの言葉をそれぞれ口にし、悲しみながらもなにかワイワイした半ば収拾のつかない状態になりつつあったが、納棺を進めないわけにはいかない。

「では、恐れ入りますがご納棺に……」

と話したところに、故人様に近い身内の女性の方が、

「あっ！　じゃあこれ入れてください。今走って持ってきちゃった！」

それは、「松平健　『弁慶・唄う絵草紙』　○○劇場舞台公演」のチラシだった。

「一緒に行こうねって言ってたのにぃ～。もーちょっとだったのにぃ～」

他のご葬家の人たちは、「いやだぁ～、そんなの入れるの～」と皆さん泣き笑い。私も不意打ちでかなりウケたので、「だはははははぁ」と心中かなり笑った。

マツケンを楽しむくらいアクティブなおばあちゃんなら、多少の筋肉質だとしてもなにか納得がいった。

わざわざお持ちいただいた「マツケンのビラ」は、故人様の合掌している手の下に抱きしめるような形でお持たせした。

故人様は3ヶ月前に癌がみつかり、手遅れという診断が出たそうである。

でも、入院したのはお亡くなりになる1週間前。

病みつかれはほとんどなく、ご家族にしてみればあっという間にお亡くなりになってしまったのだろう。

病にかかってしまったということは健康ではないが、でも今日の故人様は、健康で長生きを地で行った方のようにお見受けした。

ご葬家の皆さんが素直に感情を表せる、そういう家庭であったということ。

故人様がとてもいいお顔をされていることや、お友達もたくさんいて、お洒落《しやれ》心も忘れていなかったということ。

そして故人様自身が病にかかってもまだ「やりたいこと」への夢を抱いていたということ。

最後の夢は叶《かな》わなかったが、ステキな人生だったのだろうな……と感じることのできる故人様であった。


【今日の教訓】夢ある人は美しい。

●……泣かせてやる！　女優魂か、猿芝居か

業務は通常、処置からご葬家お立ち会いのもとでの納棺（クロージング）までで1時間半の余裕をみて行っている。

葬儀前、最後にご葬家が故人様に近づき悲しむ作業（グリーフケア）のできるチャンスなので十分に泣いてほしいのが本音なのだが……。

今日のご葬家のご宗派は、浄土真宗。

浄土真宗は「即身成仏」という、「四十九日の旅をしなくてもすぐ仏様になれちゃう！」というお得（?）なご宗派。

だが世の中、自分の家の宗派がナニ宗か知らない人なんてザラであり、ご葬家に宗派に対するこだわりがまったくないことも多く、「一般的にみんながするようにしたい」と旅したくを着けてしまうこともある。

チェックの厳しいお坊さんに見つかった場合、怒られる可能性もあるのでご納棺後、布

団できっちり襟元まで隠す……。

地方によっては携行品にお団子や一膳飯・塩・みそとかなども入れる。

お団子は六地蔵へのお供え。

塩はお清めの塩？

一膳飯はお弁当？　みそは味噌汁？　それとも調味料？

編み笠・わらじ・金剛杖なども入る。

金剛杖は「旅の途中の悪霊や魔物を振り払う〝たいへん強い杖〟」とも言われているらしい。故人様の四十九日の旅は、バトルなのであろうか？　大変そうである。


浄土真宗の男性の故人様、長患いはしなかったらしいが、推定体重43キロほどに痩せているので、着せ替え（白装束だけ着けてｂｙ担当者）も楽々終了。お顔も妙なやつれもなくすごーくきれい。

処置・着せ替えの下準備後、ご葬家お立ち会いで納棺式になる。

「やることない……」

旅したくがないだけで、納棺式は15分短縮。きれいな顔で男性の故人様なので、メイク

3分。ご葬家お立ち会い人数5人。う～ん、やることない状態でも、本来なら1時間引っ張らないといけないのだが……。

「素足では御御足《おみあし》涼しく見えてしまいますので、足袋だけお着けになりますか」

「あらー。でもおじいちゃん、素足好きだったからそのままでいいです」

「整髪料のご用意ありますが、御髪《おぐし》にお付けになりますか」

「いやぁ、そのままでいいですよ～」

それでも、ご葬家と一緒に故人様の体を清拭したり、髪型を整えてもらったりとあれこれ振ってみたものの……。

故人様の身支度が終わると、次に納棺になる。

ご葬家は、たいていは故人様に対して手をかけてあげたいと思うものだが、やり尽くして終了。

となると、もう〝お別れの時間〟を取るしかなくなる。

「故人様のお支度整いましたのでご納棺となります。ですが、ご納棺されてしまうと故人様のお体に触れることはできなくなってしまいます。最後、故人様とのお別れのお時間お取りになりますか」

と伺いいったん、私は中座しご葬家と故人様のご家族だけにする。

お別れの時間を案内させていただいている時、言っている自分がなんだかしんみり悲しくなる。

ワザとじゃない！

ワザとじゃないけど、「こんなに瞬時にしんみりしちゃって入り込むワタシって女優だ」とも少し思う。

納棺職人として「仕切らなければ！　泣かせなければ！」と思う自分。

自分のセリフに陶酔している自分。

「そんなことない！　お別れとってくださいネ」と素直ないい人の自分や、それらすべてを客観的に見ている自分と、いろいろシンクロして、短時間ながら複雑な気分にもなったりする。

非日常の葬儀という場面でご葬家になる人は、段取り・進行などわからないことはプロにおまかせするしかない。

だが家族の中に〝他人〟がいるというのは、どんなオープンな気性の方々でも、やはり気が張るもの。

自分の思いを出せない葬儀というのは、ストレスがたまる。苦しさや悲しみを素直に吐き出すことって、とても大事なのと同様に、遠慮させちゃいけないんだ、と思った。

あれこれ多くを語るよりも、時間稼ぎのインターバルだとしても、「お別れのお時間」は実は重要な時間かもしれないが……。

自分の祖母が亡くなった時、子供のくせに泣くのを我慢した。すごく頭が痛くなったのを覚えている。

感情を表現できないということはすごく苦しいものだと知ったのも、そのお陰だ。

その後、納棺終了。納棺式所要時間35分で、納棺業務は葬儀社が葬家に葬儀のオプションのひとつとして薦める。納棺の意義や内容もそのよさを前面にアピールしているため、所要時間ひとつでも、葬儀社の担当としては大いに不安になる。

何万円もする〝納棺料金〟をご葬家からいただいているのに、あまりにも短時間で終わるのでは、葬儀会社が「え？」と思うのもわかる。短時間になった理由のやり取りを見ていないから余計に心配だろうし。

私としても、このあっさりとした内容では葬儀社・葬家の双方から「クレームつけられたらどうしよう」と不安になるのだが……。

結果、お陰様でご葬家の気持ちはガッチリつかませて、いただきました！　寸志とともに……。

この経験から納棺式を取り仕切る私としては、故人様らしさとご葬家一人一人の希望をうまく聞き出せればＯＫなんだ！　と思うようになった。

逆にいえば、規定の時間でしっかり対応しても、ご葬家の気持ちを汲むことができなければ「ダラダラ長いだけで価値がない」と思うようになった。

形式にこだわらなくてもご葬家の気持ちに届くかどうかがもっとも大事じゃない？　と私は変わってきている。

今日のご葬家もあれこれするより、普通に悲しみたいだけだったんだろう。

素直にシンプルに……。

……いろんな考え方の人がいるから、自分の考え方とやり方で凝《こ》り固まってしまうのはまた問題。相手の好みに対応できるのが一番。

チロルチョコを死ぬほど食べたい人もいれば、有名パティシエの1粒二千円のチョコが食べたい人もいる世の中だから……。

【今日の教訓】「聞くは効く」……真剣にお客様の話に耳を傾けよう。

●あいのことば「聞きたい」より「言いたい」

ご夫婦のどちらかが亡くなって、どちらかが残る場合、亡くなった相方の故人様に対してリアクションが大きいのは、やはり女性である。

悲しみを噛《か》み締めるというよりは、表現豊か（？）なのである。

思い出話をはじめたり、怒ってるのかと思いきや、実はショックのあまり茫然自失だったり、取りすがって泣きついたり……。

感情や気持ちを素直に表現することは多いものだ。

不慮の事故でご主人が亡くなり、1日め処置、メイクに伺い、2日め納棺に伺った。

1日めは腰まであったロングヘアーの奥様だった。

2日め、そのロングヘアーの奥様は、ザックリおかっぱ奥様になっていた。

「この髪を主人の手に握らせてください」

ご自身の身代わりに……ということだ。

ある故人様は吊死であった。

一番下のお子様はまだ小学1、2年生といった感じの女の子。奥様は取りすがって泣くばかり。

ご親族の前でも構わず、故人様に〝長ーいキス〟をされていた。渾身の想いとはこういうことなのだろうか?

帰り際、奥様の代わりに玄関まで見送ってくれたのはその女の子。

「おとうさんのためにありがとうございました」

と泣きながらたどたどしく言われたのが、すごく辛くて悲しかった。

「この子は死の意味をわかるのか? 自分の言っていること、置かれている状況を立場を理解しているのか?」

女の子は男の子よりオシャマというか、普段の大人の行動を見て真似て、そのまま大人ぶるところが可愛いところでもあるのだが……。そのときばかりはひどく悲しく映ってしまった。故人様に取りすがる奥様のほうが、もしかしたら正常かもしれない。

この小さな子の心に、あまり深い傷が残らないように祈った。

男性は黙って悲しむことが多い。

葬儀の場でも、平静を装うことが多い。

自分ひとりの胸のうちに思いを込めることが多いのかもしれない。

中高年で自殺される方が圧倒的に男性が多いのも、うまく気持ちを表現できないことの表れかもしれない。

逆に女性は、悲しみも喜びもその感情は隠さない。

何事も、気持ちは言葉ではっきり聞きたい！　確認したい！　という生き物なのかもしれない。


ご主人が亡くなられた。喪主はとても品のいい奥様。

年の頃でいうと、お二人とも80代を超えたような、人生の四半世紀を共に過ごされたご夫婦。

その奥様が故人であるご主人に告げた言葉が、いまだに忘れられない。

「あなた、今までありがとうございました。私……、とても幸せでした」

涙はない。けれども、とても穏やかな、心からの言葉。

不適切かもしれないが、とても感動した。

故人様へは悲しみの気持ちが先行してしまって、意外と故人様への〝感謝の気持ち〟って言えないものなのだ。

お互い多くは語らない。静かに穏やかに苦楽を共にしたご夫婦の生活が目に浮かぶような、そんな言葉だった。

自分も、こんな風に尊敬しあえる夫婦になりたいものだと、心からそう思った。

「気持ちはわかってるつもりだけど、言葉に出してもらいたいの！」

なんて女性は言う。私もそう思う。

たしかに、あまりにも何も言われなさ過ぎるとわかってるつもり！　の相手の気持ちが、不透明でわからなくなってくる（気がする）。

言葉でいちいち確認しないのが「日本人として生まれた民族の基本の習わし」（いいところ？）なのか、と思わなくもないが……。

いろんなカップルや夫婦関係があって、付き合いの年月が長くても短くても、心のどこかで〝感謝の気持ちを常に共感〟し合えるようになることが大切なんだよね……と反省もする。

そう、ふいに何が起こるかわからないわけだし。

【今日の教訓】人生の豊かさは感謝の心に比例する。

●聞いて、見て、触れて、香って……五感をフルに使うべし!?

私は鼻が利かない。

職業病だ。故人様の〝死臭〟にのみ鼻が利かない。

チョッとくらい臭い故人様の死臭は、何も感じなくなってしまったらしい。慣れか？　「嗅《か》がなかったことにしよー」と、無意識の潜在意識が私の〝臭い感知センサー〟を休眠させているのか？

葬儀屋さんが「ウッ」と言っても、「どーしたんですか？　臭いますか？」と聞いてしまうこともある。

しかし、微妙な臭いは感じない（自称）だけで、スッゴイのはさすがにわかるが……。

臭いを感じ取ることは大切だ。

「なにか臭うな?」と感じとって、臭いの元に的確に対応すると、最後までキレイなままで旅立てる。細心の注意をはらえば守れた故人様が「変色しましたー」などと再処置することになった場合、これは遺体処置のプロとしては、正直ダサい。

これから先に起こりうる変化にも事前に対応できなければ一人前といえない。私のネックは鼻（？）なので、イヤでも嗅《か》ぐようにはしている。

私たちプロは五感？　をフルに使わなければならない。

見る

〈故人様の状態を見る〉

その時はなんともなくても、後からこの傷はカサブタになるなーとか、顔色変わってくるなーとか。

〈ご葬家の顔色を見る〉

悲しすぎて、ピリピリした空気が流れていないか？　機嫌悪そうな人とかキビシめな人いるかなー、とか。

ヤバそうな人はクレイマーになる可能性（半ば八つ当たり？）があるので、そういうご葬家の方には意識的に声をかけたり、納棺のお手伝いに参加してもらう。

触る

〈故人様の触診〉

腐敗で皮剝けするほど弱くないか？

腐敗ガスで皮下に気泡ができはじめてないか？

水泡ができはじめていないか？


〈ご葬家に触る・触らせる〉

参加したがり、もしくは先の〝ご機嫌斜め系〟のご葬家の方々にはとにかく「思う存分！」故人様へのお手伝いを行っていただくようにしている。

聞く

〈故人様の音〉

体を移動した時など、腐敗ガスが出ることもある。苦手分野でもこれはさすがにわかる。激臭である。体格のよい方はわりと出やすい。

納棺時に、お腹にガッチリドライアイス当ててヤルーとか思う。

〈ご葬家の意見・気持ち〉

言いたくても言えないことなどは、表情を見ていたらわかる。

「こんなこと言っていいのかな……」と遠慮の気持ちもあるのだろう。気持ちは察しなければいけない。思いが残らないようにご葬家の希望があるようなら、ご意見はできる限り聞くようにしている。

また、ご葬家同士での会話の中でも「こーしたい、あーしたい」とか「～～は〇〇〇〇だったよねー」とか。隣の部屋にいても、話に聞き耳立てるようにしてる。

ガムシャラに作業だけしているようでは、気が利かない。

味わう

……味わっちゃいけない。

味覚以外の感覚はフルに使って、初めて、きちんとした仕事をしたことになるのだと思う。

「以心伝心」という言葉があるが、サービスを提供する側なら、この言葉に甘えてはいけない。

アンテナを伸ばし、感じ取らなければいけない。

言いたくても言えないことがあるのである。ご遺族も、故人様も。

【今日の教訓】感覚は心の影。心を研《みが》けば五感も冴《さ》える。

●地球に優しいけれど、故人様に優しくないアイテム

腐敗の進行というのは、人間を〝ナマモノ〟と同等の感覚でたとえると「真空パック」にするか「冷凍」してしまうかすると、その進行は遅くすることもできるし、臭いはあまり感じられなくなる。

人間は真空パックにはしないが、ドライアイスでコチンコチンにしてしまうと、臭いもわりとおさまる。

ドライアイスは、日本の葬儀には究極の必須アイテムなのだが、難点がある。解けてしまうので〝長期保存はできない代物〟ということである。

葬儀屋さんはいつ葬儀の申し込みがあってもいいように、各社とも冷蔵庫にドライアイスを常備している。

だが保冷蔵庫にドライアイスを入れていても、使わなければ解けるだけ。無駄なコストになるため、ここ最近「代用ドライアイス」という代物があらわれた。

プラスチックの四角い形状で、中には保冷材の強力版のような液体が入っている。

使いまわしOKでコストもかからず、地球にも優しいよ！　が売りのようなのだが……。

私は、故人様にも優しいの？　と少し疑っている。

葬儀業界には「ドライアイス神話説」というのがある。「ドライアイスさえあてていれば大丈夫」と、かなりその効力に依頼しているのだ。

ドライアイスは取り扱い注意な品だ。葬儀関係者は皆、だいたい一回は油断してドライアイスで冷凍やけどする。また、大量のドライアイスを運んでいて、二酸化炭素のために酸欠になった人もいる。

それでも信じて使うのは、効力が目に見えてわかるから、安心なのである。

代用ドライアイスも確かに結構冷えるのだが、今日の故人様には歯が立たなかったようだ。

何かの薬を多量に飲んで、ホテルの自室で2日間発見されずうつ伏せで倒れていた。自殺である。

ホテルはある程度、自動空調になっているのか、あるいは室内が暖かったのかもしれない。また、自殺だと必ず検死が入り、終了するまでドライアイスをあててはいけない。今回の場合、おそらく三日は遺体保存されなかったようである。そうなると当然、腐敗で顔も体も膨張し（巨人様観）、皮膚も弱くなりズルンと剝ける。

腐敗しうっ血し、顔色も紫から黒へ変わっている。

そして、顔がまったく凍っていないため、目から出血し眉間に「水たまり」ならぬ「血だまり」ができていた。

鼻の利かない私でも、ここまで状態が悪いとさすがに気がつく。

棺の蓋《ふた》を開ける前から「なにかおかしい？」と察するぐらいに……。胸騒ぎというか……。

今回のように、納棺の儀式を省略し、葬儀社の人が故人様をいち早く納棺してしまうこともある。そんな時の依頼は「棺に入った状態のままメイクだけしてください」との内容になる。

先に納棺してしまう理由は何点かある。

亡くなってから火葬するまでの日数が長すぎて、納棺したほうがご遺体の状態が保たれる場合や、自宅に故人様の帰るスペースがなく、どこかで預ってもらう場合、「納棺された状態」でないと預れない場合がある。

また、納棺しないわけにはいかない場合もある。それは故人様の状態が腐敗、体液もれ、出血の匂いなどで非常に悪いときである。今回が、まさにそうである。

私が斎場に伺った時、故人様のご両親が担当者と葬儀のお料理や段取りについてお話されていた。

メイクを始めるために、お話が一段落するのをずーっと待っているのだが「お清めの寿司桶、これでは足りないわ。煮物は……」と延々と話されていた。

やっと、お話に区切りがついて故人様のお顔を見せていただいたら、

「……スゴイ。腐ってる」

ものすごく状態が悪い。

普通の人なら、家族がこのような亡くなり方だとガッツリ落ち込む。

お顔を凝視できないくらいが当たり前なのだが、ご葬家はマレに見る元気なのでびっくりした。

喪主「いやー、あんまりひどい顔になっちゃったから、お友達もくるようだから肌色にしてください」

サバサバである。

代用ドライアイスは保冷材の強力版みたいなものなので、ある程度の時間が経てば新たに冷やしたものに交換しなければいけない。

顔の腐敗進行防止を最優先させなければいけないのだが、顔の横には当たっていなかった。目からは出血。腐敗により膨張した頬と口元はダッチ○イフのように開きっぱなし。そこまで膨張すると、ほぼ、閉じることができない。

開きっぱなしの口内から、体内の腐敗臭がより強く感じられる。

担当者「凍ってたらメイクできないと思って当てなかったんだ」

変に気を回しすぎである。

メイク終了後、担当者が持ってきたドライは、やはり代用ドライアイス。

出棺の時に取り出さないといけないはずなのだが、最後まで地球には優しいらしい。

納棺の品はゴム底のブーツと眼鏡も入れていいと、担当の方はおっしゃっていた。ゴムなどは火葬の際、お骨の色も変わる可能性がある。眼鏡のグラスもモノによってはお骨に付着してしまう。

故人様には優しくないらしい。

最後、喪主様に「また出血することとかありますか?」と聞かれたので、事実そのまま「無事に凍結すれば大丈夫だと思います」とだけ伝えてきた。

私は〝人工的エコパワー〟への不信感と、それを十二分に使いこなしていないこと、そして、寿司と故人様の見てくれにやたら気をつかうご葬家の気持ちがなんだか悲しく、憤《いきどお》りを感じた。

「故人様、今までも今も、もっと見てもらいたかったんじゃないかな」

人それぞれ、ナーバスになりやすい人も、サバサバした人もいろいろいるけれど……。

悲しみ方は人それぞれなんだけど、なんだかな〜。

今日の故人様、自殺なんだけどなー。

理解できない私は、まだまだらしい……。

【今日の教訓】主役を間違えていないか、自分に問う。

●パサついた女をツヤツヤに――生前の努力は肌に出る

片道2時間半、納棺開始夕方4時のお仕事に当たった。

その日は、日中は他に仕事は回されずちょーヒマなのに、帰社できるのは誰よりも遅く、残業もつかない。

「チッキショーグレてやる！　昼間遊んでやる！」

空き時間にパチンコで時間を潰《つぶ》すサラリーマンよろしく、買い物で時間を潰すことに……。

仕事先唯一のショッピングセンターで、フラフラとウィンドウショッピング。

そこに、美容部員さんのいる化粧品店があった。

「そういえば、手持ちの乳液切れかけてたぁ～」

と、それだけ買うつもりで入店。

早速、美容部員さんにつかまりカウンターへ連行。

ピリピリするほど乾燥していると伝えると〝肌チェックマシーン〟で測定してもらうこ

とに。

水分量～正常

油分量～やや少ない

こがらしが吹く季節に夏用の乳液使ってりゃ、当然の数値。

肌の美しさって〝水分量&油分量〟で見た目も起きるトラブルも違ってくる。年取ると出るものも出なくなり、老化する。油とり紙で自分の顔の油を取るなんて、もったいなくて、できない。

美容部員さんも私もヒマだったので、化粧を落としてスッピンにしてもらい、基礎化粧品からメイクまで、彼女におまかせすることにした。

亡くなった人と生きてる人とでは、メイクは多少違う。

だが生きている人のメイクからも勉強になる点はたくさんあり、なおかつ人が手掛ける手法やセンスを見たいのである。

日頃、見慣れすぎた自分の顔というパレットに、他人がどのように色をつけるのか？

も。新たなメイク方法も発見できるかも!?　すごく興味がある。

勉強になったのが、リキッドファンデーションのあとにつけるフェイスパウダーは、パフに含んだパウダーをまずTゾーン・眉間（油分の多いところ）を中心につけて、余力で頬・アゴにつけるという技。

テクニックというより、計算された手抜きといえる。

だが！

理論的にも見た目にも、かなり的を射ている。

冷たい風は、肌から潤《うるお》いを奪い乾燥させる。（乾燥＝老化）

〝粉モノ〟は潤いを吸い取るものなので、乾燥しやすい人はあえてほとんどつけないくらいのほうが、調子がよいのである。

小じわが気になる人は、目元はリキッドファンデーションを薄づきにして、アイシャドウをつけるなら、それで充分かもしれない。

なおかつ、ツヤ感があると若く見える。（三十路《みそじ》の私には、張りとかツヤは殺し文句）

美容部員さんは当然、お客である私が一番キレイに見えるメイクをしてくれるわけだから、〝ツヤ感〟を出されたということをよーく考えると「老化ぎみですね」という引導を渡されたようなものだが、それでも〝ご満悦〟してしまったので、まんまと化粧水も余分に買ってしまった。

〝フェイスパウダーの薄づけテク〟の数日後、ご主人を亡くされた奥様と息子さんお二人のみ立ち会いの納棺担当になった。

ご主人は年中ゴルフをされていて、赤く日焼けしていた方らしく、赤いマッサージクリーム（故人様用）のみでメイクを対応していた。

男性はどんなに薄づきでも、ファンデーションをつけるとやはり「お化粧しました！」って肌色になるので、傷や変色のない方はその程度のほうがウケがいい。

奥様は

「まぁ顔色いいわぁ〜」

と嬉しくなっちゃったのか、

「私もお化粧してもらおうかしら？　最近は乾燥するでしょ？　私お粉はほとんどつけないんだけどこれで大丈夫なのかしら？」

と、ご遺体専門の私にご質問。

偶然にも先日仕入れたテクそのまんまのことをされている奥様のお肌は、60代だが白くてシミもなく、ツヤツヤして可愛らしい。

「まぁ！　とてもいい方法ですよ」

と、さも「前から知ってますよ～」みたいな顔でお答えし、故人様と息子さんを間に、奥様と化粧談議に花が咲いた。

（生きていても死んでいても、そんなとき、男性は蚊帳《かや》の外である）


おしゃれに対して努力や研究をしている方を見ると、うれしくなるものだ。

亡くなった方でも、生前の努力の成果は肌に出る。

また、「故人は生前あまりお化粧しませんでした」と聞くタイプでも、お手入れの程度がどうだったかもわかる。

生前、メイクはしなくてもお手入れはしていたり健康的な生活をしていた人は、たいてい化粧のりがよい。

逆にお手入れの行き届いていなかった感じの方は、肌がかたくカサつく感じで眉毛が未処理でつながってる人もいたりする……。

人それぞれなのだが、シワやシミの出方、クマやニキビでさえ、その出る場所がその人の生き方の証《あかし》になる。

「この方、生前苦労したのかな……」という故人様もいるので、そんな時は心の中で合掌する。

「本当はもっと綺麗でいられたかもしれないのに」と思うと、大変残念に思える。

年齢に関係なく、高齢のおばあちゃんでも綺麗な人は綺麗だったりする。

「おばあちゃん、化粧水とかつけてたわよね～」

と耳にすると、納得してしまう。

女心を忘れないでいると、〝お手入れ＋女性ホルモン〟も働きそうで、潤ったかわいい人でいられそうな気がする。

お金もかけずに、簡単にキレイになれる方法にも気が付いた。

「今日の口紅キレイだね」という、旦那様や家族からの、魔法の一言である。

なぜなら、オシャレにしている人はたいてい、夫婦仲、家族仲がいいのである。

女心をくすぐられたら、やる気も女性ホルモンも湧いてくるというものなのだろう。

女が枯れるのは、見た目が先か？　心が先か？

いずれにしても、女は意外と簡単にツヤっぽくなれるらしい。

【今日の教訓】美を意識しよう。言葉を意識しよう。

●「おくりびと」になる方法

アカデミー賞おめでとう！　モックン！

おかげ様で更新もしていないのに、ブログ開設以来過去最高の驚異的なアクセス数を記録しました。

「おくりびと」こと納棺師の仕事も、これでやっと日本全国に知れわたることになり、納棺という儀式を一般の方がご理解いただける世の中になることを祈るばかりです。

この映画の影響で、「納棺師になりたい！」と思う人も現れるかもしれません。

そんな方へ、ワンポイントアドバイスです。

納棺、湯灌専門の会社は、正直「来るもの拒《こば》まず」という状況でした。

通常、面接→業務見学という流れで、入社希望者には、

「で？　見学してみてどう？　できそうですか？」

と逆におうかがいを立てるのが通例でしたから。

実際業務を見て、ひるんでしまったり理想と違ったりで入社しないというのは当たり前な状況でした。

でも今回のこの受賞で、やってみたいと思う方も増えるかもしれませんね。

ただし、劇中にあるような「月給50万」というのは大嘘です。

女性は普通のOL程度、男性は30万を超えることは、なかなか難しいと思います。

そしてかならず、腰痛もちになります。感染症にかかる可能性もあるし、ブキミな虫にも出会います。

一般募集も随時あると思いますので、ホームページがある会社だったら問い合わせるというのも手です。

葬儀社でも自社納棺部がある会社もありますので、「どうしても」という方は直接お問い合わせされるのもよいかもしれませんね。葬儀関連のことですから地域差もあるはずです。

納棺師になりたい人には、ぜひ理解してもらいたいことがあります。

納棺師というのは、亡くなられた方の最後の姿を美しく、その方らしい、ふさわしい姿に戻す仕事です。

でも、もっとも大切なことは、故人様とご家族の「お別れの場」を作ることです。

故人様をキレイにしていく行程の中で、ご葬家である家族が故人様への思い、故人様と自分との関係、故人様がどんな人であったか？　と、その方の一生を悼《いた》み、振り返り、故人様をしっかりと見送るための〝きっかけの場〟を提供する仕事。

それが「おくりびと」＝納棺師なのです。

葬儀にとって一番大切なのは、別れを悲しいものにすることでも、宗教作法に徹底することでもない。

悲しみとともに、もし新たな世界があるのならば、そこへ快くおくりだしてあげることなのだと、私は信じています。

死は悲しい。修復のしようのないくらい、心が傷つく出来事であるのも事実。

でも……。

「気をつけて行ってらっしゃい」ではなく、

「お疲れ様、楽しんで行ってらっしゃい」であってほしいと。

先日、キリスト教の納棺式に立ち会いました。

もともと無宗教なご家庭で、故人様のお姉様がクリスチャンだったので「なんでもいいか」ということで決めたそうです。

通夜式に当たるものは教会では行われず、自宅で納棺式という形で神父様立ち会いのもと、料理も花も何もない状態で、自宅リビングに親族がスシづめの状態で進められました。

ご親族それぞれが交代に故人様の経歴や思い出を語り、実際、故人様と気まずい関係であった人もそれを告白したり、故人様のおもしろいエピソードを語り微笑むことのできる空間でした。

一番近しい家族だけじゃなく、故人様の死に立ち会うすべての人がその思いと関係を語り合い、残されたもの同士で共有すること。

それが葬儀で一番大切なことなのです。

そんな行為をする人こそ、誰しも「おくりびと」になれているのだと思います。

人生千差万別。

愛している人。または憎んでいる人。どちらとも、必ず別れはやってきます。愛されすぎるのも、憎まれすぎるのも困りますが。

人間が感じるいちばん悲しい感情とは、「忘れられること」なのではないでしょうか。

故人様の今までの人生を認め、その人がたしかにいたという存在を認めることこそ、もっとも大切なことなのだと信じています。

現代では、日本人の8割近くが信仰する宗教を持たなくなっています。

でも、思うのです。

仏壇に向かいお経をあげるのが供養ではなく、故人様に真剣に向き合うという行為こそが、最大の供養なのだと。

納棺師の仕事や技術ができなくても、誰しもが「おくりびと」になれるのです。

これをきっかけに、葬送の意味と命の重みを考え直すきっかけになってくれればな、と切に思います。

【今日の教訓】人は自己の「存在確認」を欲する生き物。
認め、認められ、認め合う人生にこそ価値がある。

女納棺師に質問！　その3

●納棺師の仕事をしていなかったら気づけなかったようなことはありますか（匿名さん）

たくさんありますが、「人生は短いものだ」と、しみじみ感じるようになりました。生きている時間は貴重なのだと。

また、人間は一人一人が単独で生きているのではなく、どうもつながりの中で生きているのだとも思えるようになりました。かっこよく言えば「人生は点のようなものではなく線のようなものであり、個人や世代を超えた結びつきの中に存在しているのだ」と感じるようになりました。仏教でいう「諸法無我」というやつかな？

あたり前のことですが、家族が仲がよいことが幸せの起点だということです。

●納棺師って儲かるんですか？（pianissimo さん）

儲かりません！　そもそも儲けるためにはじめる仕事ではなさそうです。お給料も普通の会社員と変わりません。昔は給料以外で儲かった時代もあったようです。「不祝儀事には寸志を出すのが当たり前」だとされていて業務員はお財布を持たなくても毎日寸志でランチはファミレスだったという時代だったとも……。

今はなかなかそういう儀礼的な考えはなくなりましたが、ご葬家が本当に感謝したいと思うサービスにだけ寸志を出すことのほうが正しいと思っています。

●この仕事に資格ってあるんですか？（Iさん）

ないんです。ご遺体の処置というのは医療行為とはちがうのか、現在も公的にグレーゾーンです。遺体損壊罪という罪があるのですが、これはご遺体を傷つけるような行為に対して罰せられる罪のようで、修復などにおける行為はエンバーミング・特殊メイクも違法と見なされないようです。

●納棺師の前職に傾向はありますか？　また転職に有利な業種はありますか（S・Sさん）

私見ですが、一見前職に多そうに思える、看護師・介護関連・警察官・消防士など人のケアや、ご遺体に接する機会の多い仕事をしていた人からの応募はあまりありません。

おそらく、人を生かすためのお仕事ですので、お亡くなりになった方を見るのは心苦しいのかもしれません。ただ、業界的にはそちらの業界との人脈が欲しいという理由で、応募があれば、とりあえず採用される確率は高いのではないでしょうか。

本来、志があり募集要項にそっていて一般常識的な応答ができれば誰でも採用ですが、芸術系・医療系に強いと、やはり仕事には有利です。

マァミィ６０８さん　和歌山へそまがりさん
アドルフ・ヴォルフさん　ぷーち♪さん
タカオファイヤーさん　misian33さん
アン7274さん　ｓｏｍａさん
まゆニャンままさん　suzusiro2005さん
縞ネコさん　雲雀君子さん
ｄｒｒｙドゥリーどりぃドリーさん
☆★ayuyu★☆さん　ぷちあんじゅさん
monkey77さん　ロイヤー３さん
drry666さん　つぽんち１６さん
ヒーチャン♪さん　人間辛抱さん
michaelmichaelさん　はやぶさトトさん
３０００男さん　ななをさん　姉崎麦芽さん
こけし1357さん　とーこさん　old pineさん
magicalfairycookyさん　簞笥男さん
ナースきよさん　まめたん20さん
キュアキュア美樹さん　☆Ｒｕｒｕ☆さん
くるみ88さん　こうちゃん★さん
Tenbinさん　piyomarimoさん
roko0129jpさん　雷　神さん
ｍｅｇｕｍｅｇｕ001さん　らーちさん
TAEZOさん　まあちゃん５さん
Beauty Honey蓮華さん　悪代官１号さん
GAACOさん　ひろたん5484さん　hatsusueさん

※ブログ『今日のご遺体』にコメントをいただいた左記の皆様のご意見を参考にさせていただきました。(著者)

ネコリさん
ぢんこωさん
JJ1104さん
ＴＡＫＡ３８さん
＊ろみろみ＊さん
カリメロなおさん
はくしょんママさん
ookinakurino30さん
【亜】さん
１０円プラスさん
はるrinさん
おでん912さん
蟹猫さん
honeymaryさん
Loe（ロエ）さん
sinjitsu5445さん
株式会社の社長スーパーさん
もるがんさん
なごみ０２０７さん
pufukuさん
shan-karaさん
【まっち】さん
♪ミコノス♪さん
よっしゃまんぞうさん
とみやん33さん
sugi母さん
Iscariot_Of_Judasさん
Candy-catさん
唯我独尊７さん
はな1996さん
アルマンディートさん
てら姉さん
ｄｒｒｙさん
猫の机さん
inhabitant #13さん
紀　健幸さん
ディルアングレーさん
assx1962さん
janus fudosanさん
あさと8466さん
玉心屋さん
Ａｒｉｙａさん

本書「今日のご遺体」は、ブログ「今日のご遺体」2005年8月から
2009年2月までのコンテンツを編集し、加筆修正したものです。

一〇〇字書評

切り取り線

購買動機（新聞、雑誌名を記入するか、あるいは○をつけてください）	
□（　　　　　　　　　　）の広告を見て	
□（　　　　　　　　　　）の書評を見て	
□ 知人のすすめで	□ タイトルに惹かれて
□ カバーがよかったから	□ 内容が面白そうだから
□ 好きな作家だから	□ 好きな分野の本だから

●最近、最も感銘を受けた作品名をお書きください

●あなたのお好きな作家名をお書きください

●その他、ご要望がありましたらお書きください

住所	〒				
氏名		職業		年齢	
新刊情報等のパソコンメール配信を 希望する・しない	Eメール	※携帯には配信できません			

あなたにお願い

この本の感想を、編集部までお寄せいただけたらありがたく存じます。今後の企画の参考にさせていただきます。Eメールでも結構です。

いただいた「一〇〇字書評」は、新聞・雑誌等に紹介させていただくことがあります。その場合はお礼として特製図書カードを差し上げます。

前ページの原稿用紙に書評をお書きの上、切り取り、左記までお送り下さい。宛先の住所は不要です。

なお、ご記入いただいたお名前、ご住所等は、書評紹介の事前了解、謝礼のお届けのためだけに利用し、そのほかの目的のために利用することはありません。

〒一〇一-八七〇一
祥伝社黄金文庫編集長　萩原貞臣
☎〇三（三二六五）二〇八四
ohgon@shodensha.co.jp

祥伝社ホームページの「ブックレビュー」からも、書けるようになりました。
http://www.shodensha.co.jp/bookreview/

祥伝社黄金文庫

今日《きょう》のご遺体《いたい》―女納棺師《おんなのうかんし》という仕事《しごと》

平成21年6月20日　初版第1刷発行
平成30年3月15日　　　第2刷発行

著　者　永井結子《ながいゆうこ》
発行者　辻　浩明
発行所　祥伝社《しょうでんしゃ》
〒101－8701
東京都千代田区神田神保町3－3
電話　03（3265）2084（編集部）
電話　03（3265）2081（販売部）
電話　03（3265）3622（業務部）
http://www.shodensha.co.jp/

印刷所　錦明印刷
製本所　ナショナル製本

　ISBN978-4-396-31486-6 C0195